让学习成为一种习惯!

明哥聊求职

李 明◎著

电子工业出版社
Publishing House of Electronics Industry
北京·BEIJING

内 容 简 介

本书旨在帮助初入职场的年轻人了解求职的方方面面，从做好面试前的准备工作到如何编写及投递简历，从面试的注意事项到怎样度过试用期乃至职业生涯规划，涵盖了新人求职所需了解和掌握的全部内容。

全书分为 6 章，依次讲解了求职者应该具备的素质；职场新人如何做职业选择；面试的方式与形式，应聘时要注意的穿着打扮和言行举止，社会上的求职陷阱，怎样克服面试紧张，如何做自我介绍，面试的善后工作等；通过典型的面试问题剖析，详解回答的重点与技巧；求职成功后如何度过危险的试用期；讲解怎样一步一步做职业规划，探讨跳槽与创业等话题。内容详尽实用，语言风趣幽默，并配套讲解视频，读者还可通过微信公众号"明哥聊求职"求助解疑。

这是一本从实战中总结出来的经验教训指导书。本书可以作为求职者找工作或跳槽时的参考指南，更可作为大中专院校就业指导课程的教辅资料。无论是菜鸟求职，还是老鸟跳槽，阅读本书相信都会大有助益。

未经许可，不得以任何方式复制或抄袭本书之部分或全部内容。
版权所有，侵权必究。

图书在版编目（CIP）数据

明哥聊求职 / 李明著. —北京：电子工业出版社，2017.5
ISBN 978-7-121-31335-6

Ⅰ. ①明… Ⅱ. ①李… Ⅲ. ①职业选择—基本知识 Ⅳ. ①C913.2

中国版本图书馆 CIP 数据核字（2017）第 076217 号

责任编辑：李　冰
特约编辑：田学清　罗树利等
印　　刷：北京虎彩文化传播有限公司
装　　订：北京虎彩文化传播有限公司
出版发行：电子工业出版社
　　　　　北京市海淀区万寿路 173 信箱　　邮编 100036
开　　本：720×1000　1/16　印张：17.5　字数：336 千字
版　　次：2017 年 5 月第 1 版
印　　次：2018 年 12 月第 8 次印刷
定　　价：49.80 元

凡所购买电子工业出版社图书有缺损问题，请向购买书店调换。若书店售缺，请与本社发行部联系，联系及邮购电话：（010）88254888，88258888。
质量投诉请发邮件至 zlts@phei.com.cn，盗版侵权举报请发邮件至 dbqq@phei.com.cn。
本书咨询联系方式：libing@phei.com.cn。

序 言

《明哥聊求职》的出版完全是一个意外。

十年前，我去大学做技术讲座，经常有学生询问求职的相关问题。

三年前，为了帮助更多的职场新人，我录制了一套求职指导视频。

一年前，出版社找到我，希望我可以写一本书帮助更多的年轻人。

今天，你拿在手里的这本书就是这样诞生的。

作为一名技术出身的职场老兵，原本我从未想过要写一本求职指导书。但每次看到初入职场的新人在简历或面试中表现出来的稚嫩青涩，找不到工作的无助与茫然，我想，也许应该分享一下自己多年的职场经验，帮助这些求职的年轻人。后来，"赶鸭子上架"，硬着头皮跌跌撞撞，终于写完了这本书，希望它如我所愿，给更多的求职者指引道路，使其达成职业梦想。

作为一名出身草根的老北漂，我已经混迹职场十六七年，从最基层的小职员到新三板挂牌公司的合伙人。这些年，我任职过不同的公司，做过不同的工作，求过职，跳过槽，也正创业着，有过还算成功的辉煌，也走过不少弯路，如今人到中年，这本书不敢讲传道授业，算是把自己多年的经验和经历分享给读者做个借鉴吧。

我喜欢人力资源工作，一直涉猎较多，且曾经在公司管理人力资源部门，也混入了不少人资圈子，对招聘的套路有所研究，这些年面试过不少应聘者，也帮助了很多学生做简历指导。加之现在从事教育行业，好为人师，时常与求职的年轻人交流沟通，讲授就业指导课程。日积月累，构成了我写作本书的基础条件。

写书也好，教课也罢，我只希望，我的读者，我的学生，有一天都能混得比我更好，唯此才能证明，我是一名合格的作者、一名合格的老师吧。

本书内容简介

全书分为 6 章。

第 1 章：公司需要什么样的人才。明哥带你换个角度看问题，公司喜欢聘用什么样的员工？面试官考察求职者看哪几个方面？知己更要知彼，方知如何应战。

第 2 章：求职前你需要做的功课。明哥教你如何选择一个有前途和钱途的职业，要考量哪些维度，以及怎样判断应聘职位需要掌握哪些技能及学习方法。

第 3 章：求职注意事项讲解。这是本书最重要的章节，主要分为三大方面。其一，简历的编写及投递；其二，面试前的准备工作，包括社会上的求职陷阱、面试常见的方式和形式、面试的穿着打扮以及所需准备的细节；其三，面试中要注意的问题，包括怎样克服面试紧张、如何做自我介绍、面试时要注意的言行举止、情绪控制、面试的善后工作等。

第 4 章：典型面试问题剖析。明哥通过 20 个最为常见的面试问题详解，教你看穿面试官询问的重点，了解面试问题回答的思路。

第 5 章：如何顺利度过试用期。应聘成功是一个新的开始，进入试用期后，明哥教你应如何工作表现来获得认可以及言行举止所需注意的问题。

第 6 章：老司机教你做职业规划。告诉你职业生涯规划的重要性及常见误区，明哥现身说法讲解自己的职场历程，从择业到跳槽再到创业，明哥分享了自己通过总结得到的反思以及想法和建议。

序言

如何阅读本书

如果时间允许，那么通读全书做一次系统学习吧，这是明哥极为推荐的阅读方式。从头到尾挨章逐节看个清清楚楚、明明白白、真真切切，明哥分享了自己多年职场打拼的经历与经验，可以让你对求职甚而对职场有更加深入的了解，于职场新人而言，会大有裨益。融会贯通、学以致用，早日求职成功，让"妈妈再也不用担心你找不到工作了"。

也可以将本书当成一本工具书，"哪里不会点哪里"。不确定自己应该从事什么职业，通过第 2 章借鉴一下明哥的择业理念和选择方法；从没写过简历，看看 3.1 节和 3.2 节，学习一下简历编写和投递的技巧；面试表现拘谨、发挥很差，参照 3.6 节所述缓解紧张的建议……头疼医头，脚疼医脚，将本书作为一本关于求职的"新华字典"备查使用。

扫描右侧二维码关注微信公众号"明哥聊求职"，发送"求职视频"，可以获取"明哥聊求职"最新视频讲解的在线观看和下载地址。每周三早上 8:00，还有原创职场类文章推送，明哥最新的公开课信息等也可以在此获知。在明哥聊求职微信公众号中，你可以与我互动交流，明哥对灯发誓，一定是我肉身真人回复。还在等什么，马上扫码关注吧！有了烦恼找明哥，找了明哥乐趣多！

如果你是高校教师，希望在就业指导课讲授中得到更多的教辅资料，也可与我联系。

明哥聊求职

致谢

感谢老爸老妈当年的法外施恩、宽宏大量，在不知我能混成什么样的前提下，纵容我舍弃了留在家乡国企的机会做了北漂一族。"父母在，不远游，游必有方"，将这本书当作我的成绩单之一吧。虽不是第一次出书，但是过往数本或主编或参编皆是计算机技术类图书，无数次贪黑起早写书时，"写一本老爸老妈可以看懂的书"是我坚持下来的动力。

感谢我的爱人岳巍在本书编写过程中给予的帮助及支持，她作为一名从业多年的人力资源工作者，给了我很多宝贵的建议，并参与了本书的部分编写工作。每个写书的男人背后都有一个伟大的女人，点灯熬油对着屏幕噼里啪啦敲键盘的时候，难免剥夺了很多陪妻伴子的时光，感谢她的理解与包容。

李冰是我认识的最漂亮、最负责任的资深编辑。若不是李冰的鼓励与鞭策，就不会有本书的问世。我们是相识十余年的老朋友了，合作的《跟兄弟连学PHP》近日喜获电子工业出版社"2016年度好书"称号，希望《明哥聊求职》也可以不辱使命。

最后，感谢每一位在我职场道路上出现的贵人。

由于我水平所限，书中不足及错误之处在所难免，敬请各位读者批评指正。

李 明

2017年3月2日

目　录

- 第1章　公司需要什么样的人才 1
  - 1.1　面试官考察求职者的三个方面 2
    - 1.1.1　是否和职位匹配 2
    - 1.1.2　是否和部门匹配 3
    - 1.1.3　是否和公司匹配 3
  - 1.2　简单的招聘识人图 4
    - 1.2.1　什么是心态 5
    - 1.2.2　公司最想要的是哪类人 6
    - 1.2.3　公司还想要的是哪类人 7
    - 1.2.4　为什么不选人才 8
    - 1.2.5　永远不要成为人裁 9
  - 1.3　番外篇：能力是否等同于学历 11

- 第2章　求职前你需要做的功课 14
  - 2.1　找到职业方向 15
    - 2.1.1　选择一个有前途和钱途的职业 16
    - 2.1.2　选择一个有兴趣的职业 18

2.2 掌握一技之长 20
2.3 提升职业素养 22
    2.3.1 基本的职业技能 22
    2.3.2 综合的职业素质 24

第 3 章 求职注意事项讲解 30

求职简历篇

3.1 简历编写的技巧 32
    3.1.1 HR 如何筛选简历 33
    3.1.2 简历需要呈现什么内容 34
    3.1.3 好简历的 4 个要素 35
    3.1.4 一个典型的反面教材 37
    3.1.5 简历编写的注意事项 39
    3.1.6 只有找工作时才需要写简历吗 47
3.2 简历投递与运用 49
    3.2.1 电子简历如何投递 50
    3.2.2 纸质简历注意事项 55
    3.2.3 让简历打动面试官 56

面试准备篇

3.3 面试方式与形式 59
    3.3.1 非肉身接触型 61
    3.3.2 肉身轻度接触型 68
    3.3.3 肉身重度接触型 75
    3.3.4 验明正身型 81

- 3.4 面试的容貌服饰 83
  - 3.4.1 致命的第一印象 84
  - 3.4.2 修饰容貌 87
  - 3.4.3 服饰要求 93
- 3.5 面试的准备工作 99
  - 3.5.1 初入职场那些奇形怪状的坑 99
  - 3.5.2 面试秘籍之"胆大、心细、脸皮厚" 105
  - 3.5.3 接到面试邀约后的准备 108

面试过程篇

- 3.6 面试紧张怎么办 112
  - 3.6.1 面试时为什么紧张 113
  - 3.6.2 面试紧张的下场 114
  - 3.6.3 如何克服面试紧张 115
- 3.7 如何做自我介绍 120
  - 3.7.1 面试官想从自我介绍中看到什么 121
  - 3.7.2 你的自我介绍应该讲什么 122
  - 3.7.3 做好自我介绍的三点建议 124
- 3.8 面试的言行举止 127
  - 3.8.1 "言"的4点提示 128
  - 3.8.2 "行"的4点建议 132
- 3.9 面试的情绪控制 135
  - 3.9.1 面试官为什么刁难你 135
  - 3.9.2 碰到了不讲理的面试官怎么办 138
  - 3.9.3 聊聊情商这回事 140

3.10　面试的善后工作 141
　　3.10.1　你有什么问题要问我 142
　　3.10.2　面试结束时应该说的那句话 144
　　3.10.3　面试后要做的善后事 146

第4章　典型面试问题剖析 148

个人信息类

4.1　你为什么离开上一家公司 152
4.2　你有什么业余爱好 156
4.3　谈谈朋友对你的评价 160

性格特征类

4.4　你认为自己最大的优缺点是什么 164
4.5　你最崇拜的人是谁 168
4.6　谈谈你的一次失败经历 172
4.7　说说你的家庭情况 175

专业能力类

4.8　作为职场新人，你如何胜任这份工作 179
4.9　描述下你的实习经历或做过的项目 182
4.10　我们为什么要聘用你 186
4.11　假如你被录用将如何开展工作 189

职业素质类

4.12　如何评价自己的大学生活 193
4.13　与主管意见有分歧你会怎么做 196
4.14　你希望与什么样的主管共事 199

职业规划类

4.15 你为什么选择我们公司 203

4.16 你择业考虑的主要问题是什么 206

4.17 你有什么样的职业规划 210

4.18 你想过创业吗 215

薪资待遇类

4.19 谈谈你对薪资的要求 218

4.20 谈谈你对加班的看法 222

本章小结 226

第5章 如何顺利度过试用期 228

5.1 入职前必不可少的确认事项 229

    5.1.1 关于试用期的猫腻 230

    5.1.2 保密协议与竞业禁止 231

    5.1.3 契约精神的实在意义 233

5.2 入职第一天，建立美好的第一印象 234

5.3 入职第一周，树立专业的职业形象 237

5.4 入职第一个月，如何做到非你莫属 240

    5.4.1 服从命令听指挥 241

    5.4.2 事前问清楚，事后负责任 242

    5.4.3 反思批评，不犯重复过错 244

    5.4.4 给选择题而不是问答题 245

    5.4.5 积极的职场心态 247

第6章 老司机教你做职业规划 ... 250

6.1 诸葛亮和施瓦辛格 ... 251
6.2 职业规划的误区 ... 253
6.3 明哥那些年的失败与成功 ... 257
6.3.1 迈入职场第一步 ... 257
6.3.2 人生第一次跳槽 ... 260
6.3.3 转行,艰难的抉择 ... 262
6.3.4 创业,痛并快乐着 ... 264

第 1 章

公司需要什么样的人才

每个年轻人在求职前,可能都思考过一个问题:具备什么样的能力公司才会聘用我?

从方法的角度来讲,这是一件很简单的事情。

首先,确定想从事的职业,假设你立志做一名光荣的程序员鼓励师。接下来要做的动作就是,在招聘求职类网站(如前程无忧、智联招聘等)搜索相应的职位信息,查看几家公司"程序员鼓励师"的任职要求,综合共性部分,基本即可获知所需的必备能力。

是不是掌握这些能力,就可以轻松求职呢?

其实,这只是冰山表面很少的一部分,更多公司对人才的要求都在水面以下不为所见……

1.1 面试官考察求职者的三个方面

专业的面试官会从三个大的方面考察求职者能否胜任：

第一，是否和职位匹配。

第二，是否和部门匹配。

第三，是否和公司匹配。

1.1.1 是否和职位匹配

求职者的条件是否符合任职要求，包括：

基本条件、知识技能、工作经验、职业素质。

基本条件，包括年龄、性别、学历、籍贯、民族、容貌、婚姻状况、外语水平等，像前台文员这个职位大多是年轻漂亮的女孩子，事关公司形象，有对年龄、容貌、性别的要求。

知识技能，是从业所需的知识和运用工具的能力。应聘挖掘机驾驶员，有没有去中国山东找蓝翔学一下？有没有挖掘机操作证？这是职位描述中最重要的胜任能力。使用办公软件，用Word写个文档、Excel作个表格、PowerPoint弄个演示，属于基本的工具运用。

工作经验，是从事某个行业或任职某个职位的经验。初出茅庐可能会手忙脚乱、乱中出错，再次从业就驾轻就熟了。经验，就是经受过考验。没有工作经验，怎么办？可以用实习经验、社会实践经历、资格认证等来弥补，没吃过肥猪肉，咱就多证明一下见过肥猪跑。

职业素质，指一个人的智商、情商以及人品等。俗话说，聪明人会干活，说的就是智商；情商，情绪控制能力，比如，工作出错被上司批评后是一蹶不振还是知耻后勇；说到做到是一种人品，光明磊落也是一种人品，人品是一种个人素质和修养。

求职者是否和职位匹配,主要考察以上四点,这些要求基本都会在招聘信息中体现,也是面试官主要考量的因素。

1.1.2 是否和部门匹配

有的公司面试会做性格测试,使用九型人格测试、DISC 性格测试等工具了解求职者,一来判断求职者的性格是否适合这个职业,比如,一个性格很内向的人去做需要大量外联工作的客户经理,可能是个悲剧;二来判断求职者的性格是否和部门匹配,物以类聚,人以群分,如果主管是个急性子、暴脾气,招来一个凡事慢半拍的员工,这将是一部"冰与火之歌"。面试官会根据用人部门主管的脾气秉性来判断求职者是否和部门匹配,这也是很重要的一个考量因素。

甚至有的面试官采用星座配对的方法,明哥是天蝎座,某个应聘者是狮子座,这可不搭配,直接淘汰。不过,对于星座理论,明哥持保留意见。

性格测试是没法作弊的,也没必要考虑作弊。"江山易改,本性难移",性格这东西,不是说把内裤穿外面就变成了超人,伪装不来。

1.1.3 是否和公司匹配

国内知名的华为公司,崇尚狼性文化,如果求职者是小绵羊性格,就没法匹配,人家需要一群狼,至少是披着羊皮的狼,结果,你是一只嗷嗷待宰的小绵羊,人家狼行千里咔咔吃肉,你吃点草就乐得咩咩叫了……即便侥幸通过面试混入狼群内部,也会成为异类或早晚被吃掉,在这样的环境中无法生存。

求职者是否和公司的价值观匹配,也是非常重要的考量因素。

公司的价值观和文化基本都会在公司的网站上广而告之,相对容易

"作弊"，至于求职者提前做没做功课，就是花没花心思的问题了。

求职者与职位的匹配在招聘要求中会清晰呈现，不过其中的职业素质部分往往被求职者所忽视。很多简历的自我介绍写得非常模式化，100份中有99份都是性格开朗、吃苦耐劳、诚实稳重、勤奋上进、学习能力强、沟通意识佳……

而与部门、与公司的匹配，就是冰山下面的一大块，职位描述不会写明，但面试官却在心里默默衡量。包括其他考量，如求职动机，如果面试官观察到应聘者是逐薪而居，那么，这可不是什么好事。

1.2 简单的招聘识人图

明哥曾经任职的一家互联网公司，在招聘时对求职者的考核就简单地分成两个大的方面：能力和心态。知识、技能、经验等，都归属能力的范畴；情商、人品、素养等，都归属心态的范畴。我们绘制了一张简单的招聘识人图如下：

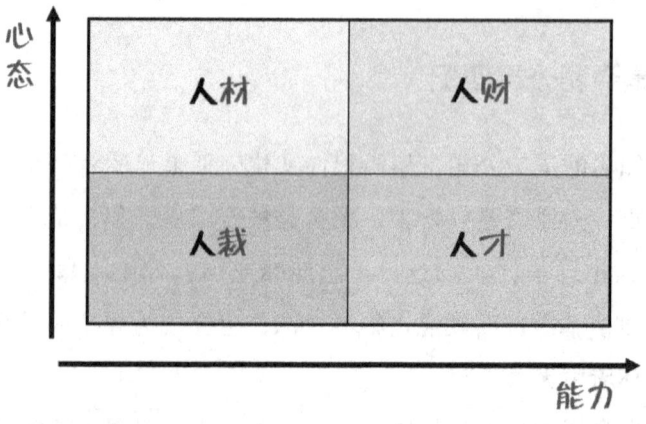

以能力为横坐标、心态为纵坐标，把所有的求职者分成了四类：人财、人材、人才、人裁。

一只站在树上的鸟，从来不会害怕树枝会断裂，因为它相信的不是树枝，而是自己的翅膀。翅膀就是你的能力，有什么本事能安身立命拿出去混饭吃的，就是能力。

公司通过笔试或面试来判断求职者的能力，知识可以测试，学历可以验证，经验可以核实，长得是不是盘顺条亮一看便知。

可心态是个什么东西？

1.2.1 什么是心态

明哥曾经的一个老领导，在一次公司招聘会议时，讲了一句特别到位的话："我们招人最重要的是三个字：人——要——好！"

"人要好"，就是对心态最通俗的描述。

一个新人入职，主管衡量"人要好"的标准是——

每天按时到岗，不会迟到早退或无故旷工（时间观念）；

能够快速融入团队，熟悉职责、胜任工作（适应能力）；

与客户能很好地交流而不是争吵（沟通技巧）；

部门同事融洽相处、互帮互助、共同成长（人际关系）；

主管交代工作任务能够按时、按质、按量完成（执行力）；

犯错勇于承认而不是找借口、编理由、说原因（承担责任）；

面对工作的挫折和困难，敢于拼搏和尝试（抗压能力）；

部门活动积极参加，工作任务不互相推诿（团队合作意识）；

……

这些和专业技能没有任何关系的标准，我们将其定义为"人要好"，也就是心态。人力资源部门的面试官大多不懂或不太懂求职者所应聘职位的专业技能，那么，他在面试时看什么呢？看的就是心态，说的专业点，看的是你的性格、你的人品、你的稳定性、你的学习能力、你的发展潜力……

1.2.2 公司最想要的是哪类人

21世纪最贵的是什么？

人财！人财！人财！重要的话说三遍。

心态好，能力强，招募到这样的人，就是公司的一笔财富，简单来说，他在公司创造的价值超过了他的薪水。有的大公司CEO年薪几百万元、几千万元，贵不贵？贵！但在他的领导下，公司的业绩增长了十几亿元，值不值？值！就是这个道理。

（话说我这漫画形象看着也是醉了……）

曾有初入社会的学生问我：明哥，我刚大学毕业，能成为人财吗？

明哥都很真诚地回答：不能。

小伙子听了，蔫得和霜打的茄子似的……其实，绝大多数刚走出校园未涉世事的学生，能力方面都不足够，心态方面也不成熟，这很正常，成长都是一个循序渐进的过程。更何况，人能学会的都是教训，而不是经验，只有在残酷的社会上不断地历练，钢铁才会炼成。

但这并不代表新人没有机会。明哥曾经在公司做过统计，招聘到的员工，只有十之二三是人财，剩下的百分之七八十还有其他选择。

题外话：工作以后，你怎么能知道自己在公司、在部门重不重要呢？

工作一年半载后，和同事们都混熟了，做个试验，找个合适的时机，告诉他们你要辞职，看看他们的反应。

如果是，"别介啊，年纪轻轻的你咋想不开呢，千万别走，你走了，我们几个人搞不定啊"，则证明，你有能力，有一定的价值，很重要。

如果是，"你要走了？太好了！一路走好啊，快，去买鞭炮我们庆祝下"，则证明，你没什么存在感，而且，人缘还不好……

> **明哥忠告**：你的报酬不是和你的劳动成正比，而是和你劳动的不可替代性成正比，努力成为第一名！做公司不可或缺的那个人！

1.2.3 公司还想要的是哪类人

我们有两种可能的选择：一是人材，能力差点，心态不错；二是人才，能力较强，心态差点。假如现在你变成了面试官，你会选择人材还是人才？

这是一个没有标准答案的问题，不过明哥从业十六七年，发现认识的绝大部分主管和老板都会选择"人材"，材料的"材"。

明哥曾经有个同事，大学毕业后，在公司做电话技术支持。软件公司销售产品后，客户有问题咨询时，需要有人解答，这个人的工作就是每天坐在座位上接电话……但是他做得非常认真，两年以后，他变成了技术支持部门的主管；又过了两年，他成为这款软件产品的研发经理！

相信当年我们老板在他接电话的时候就觉得，这个人是块材料，值得栽培。我们把这种人作为另外一种选择。

不管做什么行业，几乎都有一年的学徒期、两年的生存期、三年的职业期，然后才会进入事业期。明哥建议刚刚进入社会的求职者，先摆正心态，学会一项专业技能，让用人公司觉得你是块材料（人材），可以培养，然后自己不断吸收养分野蛮生长，有一天，成为公司的一笔财富（人财）。如果你有更远大的志向，在具备了一定的能力、资金、人脉、阅历等条件后，再自己创业做点事情。虽然这不是唯一正确的职场道路，但是绝大多数人可以走且稳妥的一条路。

糟糕的是，很多年轻人在找工作时，只在意和重视能力的提升，而忽略了心态，也就是自身修养和职业素质。要明白，即便你拥有开飞机的技能，可如果你没有临危不乱的从容，一样不会成为一名优秀的飞行员。一个人也许聪明绝顶、能力过人，但若不懂得积极热心、主动付出，不论多有能力，恐怕都未必有所成就。

1.2.4　为什么不选人才

能力强、心态差，在学校，叫高分低能；在社会，叫有才无德。

为什么不选？因为这种人是最容易"叛变革命"的……

竞争对手一个月多给八百块钱，分分钟果断跳槽，如果职业素养再差一点，不仅会"叛变革命"，还会带枪投靠，和新公司的老板讲"我有上家公司的客户资料，您要不要看一看……"

> **明哥忠告**：在社会上混，永远不要做"带枪投靠"的事！可能有人会说了，为什么不做啊？这种事虽然不光彩，但是有好处。说的没错，利益诱惑，但是别忘记"人为财死，鸟为食亡"，你会因小失大，新公司的老板稍微有点头脑，就不会重用你。道理很简单：因为今天你能带别人的枪投靠他，明天你也一定能带他的枪投靠别人，对吗？重用你？除非脑子进水了才重用你，你等到的恐怕不是委以重任而是"卸磨杀驴"……

"人中吕布，马中赤兔"，吕布就是典型的有才无德，认丁原做义父把丁原杀了，认董卓做义父后又把董卓也杀了，最后被曹操抓了，他和曹操说"亲啊,认个干爹吧",曹操吓坏了,这又不是上一档综艺节目叫"干爹去哪了",前两个干爹都死了,就把吕布杀了……

有能力固然是好事,但如果心态不好,在职场,走不远。

1.2.5 永远不要成为人裁

最可怕的是,刚出来混,能力差点也就算了,新人嘛,武侠小说写的也都是出道坎坷、历经磨难、内心善良、终获奇遇、高人指路一朝成名天下知,有个过程。但能力一般的时候心态还不好就悲催了,要不然混不到一家公司去,就算勉强混进去,过不了多久也会被淘汰,所以是裁员的"裁"。你现在是郭靖不打紧,但你若不憨厚正直,之后的奇遇估计也就和你无缘了。

明哥面试过不少年轻人,发现两种典型的糟糕心态:一种是急于求成;另一种是急功近利。

急于求成者,往往是学校里的天之骄子,自视甚高,总想一步登天,结果往往事倍功半,在社会上碰了满头包,最后常常抱怨"心比天高、命比纸薄""默默无语两眼泪,耳边响起二胡声"。没学会走路呢就想跑,也不是不可以,但是要先看看自己是不是天才。

急功近利者,找工作唯一的考虑就是薪资,逐薪而居,不做长远打算,只看眼前利益,谁给钱多我去谁那儿,没有长久的职业规划,是典型的雇佣兵,随时可能叛变倒戈。记住,要专注于成长而不是赚钱,赚钱是你成长的附带品。

年轻人切忌眼高手低,没有唐三藏的相貌、孙悟空的本事、猪八戒的福气、沙和尚的耐力,就不能像唐僧一样啰唆、悟空一样顽皮、八戒一样懒散、沙僧一样笨拙……更有甚者，在面试过程中，连基本的交往礼仪都表现得一塌糊涂……

能力，决定你能走多长的路；心态，决定你能走多久。

一个人有能力，心态好，叫"德艺双馨"；一个人能力差一点，心态好，叫"孺子可教"；一个人能力强，心态不好，可能"祸国殃民"；一个人没能力，还心态不好，就是"花样作死"了……

明哥给这张招聘识人图做了标注，如下：

	心态	
人材 心态不错，能力差一点，可以栽培！		**人财** 心态好，又有能力，真是公司的财源！
人裁 能力很弱，心态也很差，裁掉算了！		**人才** 能力很强，但是心态太差，非常难用！
	能力	

如果有人问我，你想成为一个什么样的人？

明哥会说，我想成为一个高尚的人、一个纯洁的人、一个脱离了低级趣味的人。

但是……在求职过程中，最重要的是，公司需要什么样的人？

是一个能干活的人，一个会干活的人，一个干好活的人。

很多求职者刚刚大学毕业，涉世未深，还是自然人的心态，也就是以自己的兴趣为中心做事情。但是在职场，需要的是职业人，是以公司的需要为中心做事情。你若即将迈入职场，能力要不断增强，心态需时时调整，才能适应这个社会。

也许这并不容易，人生如果容易的话，就不会从哭泣开始。没有尽最大的努力，就不要说运气不好，别那么多怀才不遇的抱怨，那只能说明你的本事还不足以撑起你的野心！

公司需要什么样的人？最后，明哥和大家分享一个网上的段子——

"为啥要我做" = 团队寄生虫

"这事不怪我" = 团队的垃圾

"这事该找谁" = 团队的白痴

"没人来教我" = 团队的拖累

"这事我不会" = 最基层员工

"这事我来做" = 领导左右手

"这事我顶着" = 团队顶梁柱

"这事我负责" = 团队领导人

1.3 番外篇：能力是否等同于学历

明哥不能昧着良心说学历一点都不重要，毕竟很多大公司还是看重学历的，但是，确实没有很多求职者想象中的那么重要。学历只是公司招聘考量的其中一个方面，能力并不仅仅等同于学历。

有的求职者觉得自己学历比较低或专业不对口，找工作没有信心。

明哥有个多年的同事，高中学历，在 IT 行业打拼多年，曾经在一家互联网公司做技术总监，后来公司上市手握股票赚得盆满钵满，现在又与他人合伙创业，早已实现了财务自由。还有一个同事，技术高手，一次闲谈明哥才知道，这么厉害的人物，居然大学读的专业是土木工程，和现在做的职业八竿子打不着……

职场这样的人不在少数，明哥在兄弟连的同事沈超老师，与我将合作出版一本计算机图书《跟兄弟连学 Linux》，他是 Linux 技术高手，学医出身，当年鲁迅先生弃医从文，他是弃医从 IT。

不要用学历和专业当作自己失败的借口，事儿还没做呢，坑先挖好了……

记住，这点"先天不足"，只是意味着，你要比别人努力得多一点而已。人可以不上学，但一定要学习。

再者，你现在的学历也好、专业也罢，是既成事实，求职期间来不及改变，那么……你纠结又有什么用？与其临渊羡鱼不如退而结网，改变可以改变的，接受不能改变的。更何况，日后还能在职进修。

从小到大，这么多教过你的老师，有几个你知道和记得他们的毕业学校？

有一天，你在一家公司工作了一段时间，觉得和部门同事都很熟悉后，做个实验，问问这些同事，知不知道你是什么学历、是从哪个学校毕业的、学的是什么专业……看看有几个人能说得出来，你就知道明哥讲的对不对了。

明哥现在座位斜对面坐着的平头大眼睛的"小鲜肉"，我认识他两年了，我也不知道他什么学历，因为我不关心……我只关心和他共事愉不愉快，我只关心拜托他帮忙的事情能否帮我解决，我只关心向他借钱他会不会很痛快地借给我，我只关心去他家蹭饭他会不会不高兴……他是从哪个学校毕业的？Who care？英雄不问出处。

还有的朋友头疼另外一件事情：

明哥，考××认证对找工作有帮助吗？

明哥，获××职称对求职是不是有利？

当然有！肯定是！有肯定比没有强！不过你要权衡考认证、拿职称所付出的时间和金钱成本是否划算，这很关键。

有的职位，比如会计，相关的从业证书非常重要，如果想在这个职业有更好的发展，证书不是可选的，而是必备的，当然要尽可能地考取。有的职位，比如程序员，公司更看重的是实际工作能力，而不是一纸证书，何况 IT 行业很多认证，在国内都是背题党式通过法，公司对证书的认可度比较有限，且认证费用高昂，明哥觉得，意义就没那么大了。

市场学有一句话，"穿上别人的鞋子走路"，意思是换位思考，求职也是如此。

你想学什么，你想做什么，你想成为什么样的人，这一切需要和公司想招什么样的人契合，你才能随着公司的发展共同成长。

怀揣希望去努力，静待美好的出现。

第 2 章

求职前你需要做的功课

"工欲善其事，必先利其器。"

这是明哥高中语文老师的口头禅，毕业二十年了，至今一直深以为然。

谈恋爱的第一步，是让自己变好看；结婚的第一步，是让自己变靠谱；生孩子的第一步，是让自己变有钱；而求职的第一步，是让自己做好准备。

其实《明哥聊求职》的正确打开方式是在求职前的几个月或者更早，依据本章所讲内容，做好方方面面的准备。当然，若已经开始找工作或者找工作碰了满头包才看到本书，也亡羊补牢犹未晚矣，种一棵树的最好时间是十年前，其次是现在。

每一个赤手空拳征战沙场的人，都有一颗无知者无畏的心，匹夫之勇，精神可嘉，可惜大多下场惨淡，都是电视剧里永远活不过第二集的主。而本书的目的就是给你来一场军事训练——

"公司需要什么样的人才",让你了解对手、知己知彼;

"求职前你需要做的功课",让你厉兵秣马、未雨绸缪;

而后续所有章节内容,都是在教你如何临阵磨枪、战场杀敌……

求职前你需要做的功课,明哥分为三部分介绍:

找到职业方向;掌握一技之长;提升综合素质。

2.1 找到职业方向

两个倒霉孩子去森林玩耍,结果碰到了大老虎,一个小孩撒腿就跑,另一个小孩拽住他说:"不要跑,你再跑也跑不过大老虎。"没想到撒腿就跑的小孩扭头对他讲:"我不需要比老虎跑得快,我只要跑得比你快就行了。"这个道理很简单,老虎追上跑得慢的小孩就开餐了,跑得快的小孩就会活下来。

这个故事告诉我们:努力很重要!

还是这两个孩子,上次老虎吃饱了,结果跑的没死,没跑的也没死,不吸取教训又去森林玩耍,倒霉催得又碰到了大老虎,这次老虎饿了三天,其中一个小孩又撒腿就跑,另一个小孩拽住他说"你跑也没用",撒腿就跑的小孩说"我跑得比你快就行",没想到,没跑的小孩说"那可未必"。跑的小孩玩了命地跑,没跑的小孩噌噌噌爬树上去了,跑的小孩终究没跑过大老虎,被老虎吃掉了,在树上的小孩反而没事,因为这只老虎不会爬树。

明哥忠告:选择比努力更重要!

做个美好的幻想:《明哥聊求职》出版后大卖,一个漂亮的女读者到北京玩时想顺道看看明哥真人长什么样。本来出了北京站一直往北,到兄弟连就能找到见面不如闻名的明哥了，结果这个女读者是路盲，问了一个路人，告诉她一路向西，结果越走越远……她努力了，但结果不是她想要的。

一个人努力一定会有结果，但不一定是好结果。

决定我们一生的，第一是我们的选择，第二才是我们的能力和努力。选择对了，事半功倍；选择错了，可能事倍功半，甚至南辕北辙。找到正确的职业方向，是我们人生中为数不多的重大选择之一。

2.1.1 选择一个有前途和钱途的职业

男怕入错行，女怕嫁错郎。一个有前途和钱途的职业有两点基本特征：

第一，这个行业没有日薄西山或人满为患，这个职业薪情不错；

第二，职业的未来发展空间良好。

比如，做演员，物质回报不错，演一部戏可能比我们辛苦一辈子挣得还多，发展空间也很好，且几乎不受年龄限制，如老戏骨元华，年轻时演坏蛋徒弟，年老了演坏蛋师傅，还可以演而优则导。但这是一将功成万骨枯的职业，在横店混迹这么多年就混出来一个王宝强。这叫人满为患，就像你想在中国打乒乓球做职业选手，能出人头地的终归是极少数。所以选择这样的职业，如果你没有令人艳羡的天赋和条件，那么我建议你要谨慎。在淘宝、京东盛行的今天，如果你想去中关村练摊儿卖电子产品，这叫日薄西山，你在逆势而行。明哥这么爱骑行，也没在路边摆个摊儿修自行车，以此为生。

找份工作搬砖头，计件工资，一身蛮力天天吃土也能赚不少银子，问题是，你这辈子就打算一直搬砖了？明哥不建议刚从学校出来进入社会的年轻人逐薪而居，不考虑长远的职业发展，目光短浅、饮鸩止渴，会害了你一辈子。

所以，谨慎选择"拥挤"的职业，不要去没落的行业，也别从事天花板很低的职业。

一位知名的老中医与你闲聊，听到你的职业后，给你建议："夏天尽量不要开空调，要多运动，少吃冰激凌，不要经常喝饮料，不能喝啤酒，更不能喝红酒，多喝白开水，出门少打车，多坐公交车或步行，不要在外面吃饭，尽量吃素，少吃肉类，特别是海鲜！毕竟，做你这行收入太低了……"选择一个有钱途的职业！

考虑赚钱并不可耻，出来混都是为了赚钱。不一定因为多爱钱，而是不想因为钱和谁低三下四，有一天，在父母年老时，我们可以有能力分担；在孩子需要时，我们不会囊中羞涩。更何况，物质基础决定上层建筑，你人生的很多目标，相信没有钱是办不到的。选择一个有前途和钱途的行业和职业，才能日后当上总经理、出任 CEO，走上人生巅峰。

在实现梦想的路上，每当自己撑不住的时候，可以对自己说声"我好累"，但永远不要在心里承认说"我不行"！

一只乌鸦口渴去找水喝，看见一只瓶子里面有水，可是喝不到，怎么办呢？乌鸦看到旁白有许多小石子，它把石子一个一个地叼进瓶子里，水位渐渐升高，眼看就要喝到了，它突然看到，旁边不远处就有一条小溪……

歌舞升平出不来陈胜吴广，民不聊生才有了项羽刘邦，于古而论，叫时势，时势造英雄；于今而言，叫风口，站在风口猪也能飞。凡事顺势而为，不可逆天而行。时势也好，风口也罢，对于求职来说，第一步就是选择有前途的行业、从事有钱途的职业。

如何判断想从事的职业有没有前途和钱途？

这其实是一个简单的方法问题。一个行业有没有发展，去搜搜网络上的信息，看看业内新闻、找找行业报告、瞄瞄专业网站、瞧瞧相关社区……一个职业有没有发展，去招聘求职类网站检索一下职位数量多不多，就可以作为参考；这一行薪水和空间如何，混进专业的 QQ 群询问一下从业人士，信息更加准确……还有一些工具，如百度指数，可以搜索你的意向职位，出来的人物画像，性别比例、年龄分布都有，想知道以后这行的前景如何，一目了然。

问人，一定要问这个行业成功的人，切记别问失败或不相干的人！因为除了失败的经验和负能量，他们什么也给不了你！

象牙塔里蹲得太久，有的孩子已经憋傻了，上学时就会打游戏，临近毕业就迷茫了，开始有病乱投医……其实，判断一个行业或一个职业，真的只是一个简单的方法问题，思路决定你的出路。

> **明哥忠告**：谋定而后动，第一步，通过方法确定方向。

2.1.2 选择一个有兴趣的职业

所谓理想，就是一个人兴趣的实现。

选择一个职业，是人生的一件大事。这份工作你可能会做很久，甚至是一辈子，想象一下，余生要从事一个自己毫无兴趣的职业，是多么悲哀和凄惨。

面对现实且追随内心，在前途与兴趣之间找到一个交集，这会是你未来的事业。

明哥有过很多同事，并非科班出身，却工作表现优异，我很好奇，他们为什么能做得这么好，这不科学啊。后来发现，他们共同的特点是因为兴趣而进入这个行业。兴趣是最好的老师，有兴趣才有激情，它是一种无与伦比的动力。一架飞机要飞起来，要靠它自己的发动机，靠几辆拖车是拉不起来的，那个发动机就是你的兴趣，能带你翱翔到天黑……

所谓爱岗敬业，爱岗才能敬业，敬业才能混出个人样来。

当年明哥职业迷茫的时候，一个朋友曾经甩给明哥一句话：

"选择自己所爱的,爱自己所选择的。"

不管是职业选择,还是谈恋爱,这句话,你用得上。

不知道自己对什么职业有兴趣,怎么办?

很多人上大学时会有一段特别优哉游哉的时光。开学时踌躇满志,充满了新鲜感,没过两个月,就被"原来也就这样"麻痹了神经,上课睡觉、发呆、玩手机,下课打游戏、谈恋爱、追美剧。偶尔有个想奋发图强的,也是随波逐流型,朋友学什么我学什么,同学考什么认证我也考什么认证……

年轻就是资本,一切可以乱来,大学的时光可以用来试错,找到你未来的职业方向。没吃过肥猪肉,就多看看肥猪跑,有机会弄两口尝尝。想做什么,就先学一学、试一试。想学习编程,就先买本书弄台电脑开练;想去做销售,就去商场当当推销员试试……自学、社会实践、向前辈请教……总会有很多方式来寻找你的职业方向。

选择职业方向,其他需要考量的因素还有性格、价值观、自身条件等。

马大哈性格,做事没耐心,肯定当不了会计;认为房价暴利、行业畸形,就别去房地产行业工作;长得比明哥安全系数还高,一准儿不能做演员……

十块钱的人民币设计得再好看，也不如一百块的更招人喜欢；丑小鸭能变成天鹅不是因为它努力，而是因为它本来就是天鹅的孩子。认清自我，发掘自身优势，找到职业方向，然后再去"随风奔跑自由是方向，追逐雷和闪电的力量"……

年轻时如果还没想好要做什么或者不确定自己适合做什么，又不想浪费光阴的话，要么用心多读点书，要么努力多赚点钱，为了将来自己的奥迪、老婆的迪奥、孩子的奥利奥。

有的年轻人，间歇性踌躇满志，持续性混吃等死，找工作低不成高不就，这个不喜欢做，那个不愿意干，甚而心安理得地赋闲在家，没事还吐吐泡泡，"生活不止眼前的苟且，还有诗和远方的田野"，说这句话的人一定已经不愁温饱，你信吗？当你连素包子都吃不起的时候，就先别琢磨"面朝大海，春暖花开"那茬儿了……任何不切实际的梦想在你是一个啃老族的事实面前都是可耻的！

先让你成长的脚步赶上父母老去的速度吧。

2.2 掌握一技之长

空有报国之心，还需一技之长，才能找到用武之地。

很多求职简历，写的精通××、擅长○○、熟练××○○，洋洋洒洒写了六七种，不知道是明哥太笨还是他太聪明，我大学毕业这么多年，精通的就算把脸打肿了也就三四种而已。面试官看到这样的简历，大多也就是微微一笑、随手一扔……

什么都会，也就意味着什么都不会。

初入职场，一样精强于样样通。人的生命是有限的，学习知识是无限的，要把有限的生命投入必要的知识学习中，有选择地学习，像放大镜的聚焦点一样专注，贪多一定嚼不烂，朝三暮四也一定稀松平常。

专家可以博学，新手一定要先专注。

关于专注，明哥做得不错，我老婆总说我吃饭的时候特别专注。

曾经有一个大二计算机系的学生问我，想学一门编程语言，正在纠结是学 PHP 好还是学 Java 好。客观地讲，明哥觉得都挺好，但是因为它们的应用领域不同，所以明哥建议根据自己的兴趣来做决定。结果这个学生半年后又在 QQ 上问我，"明哥，我还在纠结选哪个好"……

这就像你问我是养猪好还是养羊好，我觉得不管是养猪还是养羊，能养大了卖钱都挺好，问题是你得先开始养啊，人家的猪啊、羊啊都养大卖钱了，你还在思考人生呢……很多人的三思而后行只是偷懒拖延的借口。

年轻人之所以会迷茫，就是想得太多、做得太少。

大学期间，你有试错的资本，去按照兴趣寻找职业，边开枪边瞄准，0.1 永远比 0 大，就算走错了，起码证明你的人生有一条路不通，及时调整就好。别害怕失败，人生最大的冒险是不敢冒任何风险，而不是失败。一定要敢于行动，边行动边修正，Just do it！

不知道从事意向职业需要学什么？

这还是一个方法问题。登录招聘求职网站，搜你想要从事的意向职位，多看几家公司的职位要求，同一职位，共性的技能要求是大同小异的，这样你就很容易获知从事这个职业所需的专业技能。还可以去做相关职业培训的网站看看，也可帮助你获得信息。比如，你想进入 IT 行业，看看兄弟连的网站（www.itxdl.cn），培训学校不会做一个没有前途的职业教育，所以选择的学科必然是现在就业前景不错的，先看一下开了什么课程，然后再看一下课程体系，课程一定是结合招聘公司实际用人需求设计的，可以直接拿来当成学习的参考，连学习的顺序和步骤都有了，甚至还可以获得免费的学习资料……

方法总比问题多。

可能你会时而听到有人说，做什么什么很赚钱，谁谁做什么什么发财了……在这个世界上，几乎所有存在的行业都是赚钱的！因为不赚钱根本没法维持公司生存！关键是你能不能做。一个人总会有擅长的和不擅长的事情，你选择的职业方向要发挥你的优势。

有心去学，专心去做，在你求职前，掌握一技之长，是你初入职场安身立命的资本。

有的年轻人走出校门找工作，什么也不会，和面试官讲，我可以不要工资，公司提供食宿就行，只差没说我就是来学习的了……你搞清楚状况，公司需要的是职员而不是学员！你越是这样，人家越不想用你，你没一技之长，有基础、有潜力尚可培养，可没自信这就比较麻烦了。何况，不可能不给工资，这是违反《劳动法》的；就算不给工资，你的社保、你的工位、你的办公用品……公司也都是有人力成本的。

可以年轻，但不要天真。

2.3 提升职业素养

职业素养可以简单地分为两个方面：基本的职业技能和综合的职业素质。

2.3.1 基本的职业技能

基本的职业技能是从事相关职位的专业技能以外的基本工作能力。

明哥见过不少简历，丑得不忍直视的……写简历的求职者，Word 使用得一塌糊涂。有的职场新人，做个统计表格，连最基本的 Excel 公式都不会用，每次拉拽生成统计数据，效率低得惨不忍睹……更不要说 PowerPoint 的演示了，简直就是车祸现场……

办公软件的使用已经成为一个职业人士必备的基本技能，出来混之前，多少要玩一玩，熟悉一下，别像个孩子一样觉得什么都是新鲜的。没有哪个老板会有耐心教你 Office 怎么用！除非你的老板是个老男人，你美得倾国倾城；或者你的老板是个老女人，你帅得惊天动地；但是绝大多数 Boss 都是像明哥这样"不解风情"的人，在职场，还是要靠实力说话的。

接下来说的话题可能会造成一万点伤害——

有的年轻人连百度都不会用！

不是不知道百度的地址，而是不知道怎么快速、准确地搜索到所需的内容。

明哥分享三个简单的搜索小技巧。

技巧一：北京旅游和"北京旅游"

加了双引号，搜索时关键字不会被拆分，结果更精准。

技巧二：迈好职场第一步和迈好职场第一步 filetype:ppt

搜索指定格式的关键字文件，格式：关键字 filetype:文件扩展名。

技巧三：明哥和 intitle:明哥

把搜索字限制在网页标题，格式为 intitle:关键字。

甚至连基本的关键字组合查询和关键字模糊查询也用不好，所以，有的人一下子就可以找到，有的人找半天也找不到……不要忽视工具的使用，工具决定了效率，工具就是生产力！

明哥用百度做案例，只是因为百度是国内应用最多的搜索引擎。使用时要注意，搜索结果并不一定靠谱，尤其是右下角备注"广告"字样的，都是给了费用的，费用越多排名越靠前，就算不给钱也可以针对性优化。所以，不要有越排名靠前越权威的错误认识。

再比如，语言表达能力。面试时，做个自我介绍，说得吭哧瘪肚、词不达意，第一印象恐怕就输了一半。其他诸如简单的电脑使用、基本的英语水平等，明哥就不一一举例了。除了常见的职业技能，不同的岗位有不同的要求，应该在确认职业方向后，有针对性地学习和做好准备。

2.3.2 综合的职业素质

这是一个很大的话题，明哥只举五个方面为例：自信心、执行力、学习能力、沟通技巧、情绪控制，算是抛砖引玉吧。职业素质不同于其他技能，需要在你自己不断的体悟和自省中精进。

1. 自信心

自信对于一个人至关重要。设想一下，一个没有自信的求职者坐在你对面，声音小得和蚊子嗡嗡一样，紧张到腿在发抖，如果你是面试官，那你会想要聘用他吗？

自信可以激发你的意志力和潜能，是做任何事情成功的基础。

自信并非天生，而是可以培养的。

明哥现身说法一下。我不是一个从小语言表达能力很强的人，甚至稍显木讷，工作后天天对着电脑屏幕，我以为可以一直安静地做个"键盘侠"，可是工作需要你会议发言、产品宣讲、大学讲座……第一次站在台上，讲完了上一句就忘了下一句，大脑一片空白……

后来，我有空就把自己关在小黑屋或找个没人的小树林练习，一个月后，讲了一次，好了很多；又过了半年，再讲一次，非常成功，我也很有天赋啊！后来，一千多人的会场，明哥也不会站在台上心慌慌了，建立了这方面的自信。其实，并没有什么天赋而言，一点一点小的成功就变成了自信！时至今日，我的中学同学听说我给别人讲课，反应还都是这样的："天啊，你还敢给别人讲课呢？"

2. 执行力

执行力就是按时、按质、按量完成任务，而保障执行的是反馈。

反馈，就是别人拜托你的事情，做完尽快告知对方结果；这件事情要做很久，阶段性地汇报进度。做到这一点，生活里你是个靠谱的朋友，工作中你是个可以信任的同事。

这事说起来简单，做起来不容易，职场新人十之八九反馈意识很差。比如，生活中，别人告诉你一件事，可能给你发了一条微信消息，有多少人看完消息后就把手机装兜里了，对方会心灵感应吗？结果过了一会儿，人家电话打过来，"我刚发给你的信息看到了吗？"生活中如此，职场中肯定如是，工作的电子邮件他也不会有回复确认的意识，这就是反馈。

明哥有一位老友，招了一名新人，周一入职，交代了工作任务，要求周五下班前完成，小伙子一周闷不吭声。朋友寻思，不错啊，看来自己都能搞定啊。周五下午去问他，"是不是快完成了啊？"小伙子说："老大，这事我做不出来。"朋友说当时想砍死他的心都有了……

如果你是这个小伙子，那么请记住，主管交代了任务，如果要做很久，那么一定要阶段性地汇报工作进度，不一定是当面报告，可以在下班前给主管发一封电子邮件，告知完成情况、有什么问题、是否需要协助……周一发一封，周二发一封，周三发一封，周四下班前主管收到电子邮件，看到已经完成80%，周五下午15点前搞定，他是不是就会很放心？

> **明哥忠告**：如果你的主管追着你问事情的进度，那么你的能力就会被打一个很大的折扣！

3. 学习能力

学习能力是学习意识的建立和学习方法的掌握。

虽然我们上了很多年学，但是，你可能并不会学习。

大家都坐过很多交通工具，我们坐车时都在干什么？十个有八个掏出手机，在打游戏、看小说、发微信；剩下的，有的在看窗外的风景，有的在睡觉或装睡觉，有的在发呆，有的在东张西望；一会儿有人吵架，一群人围着看，不是主持正义，纯围观……你一定见过形形色色这样的人，可能也是其中一员。但是你见没见过有人坐车拿着本书在看？

我多年前在北京地铁上见到一个小伙子拿着本英语口语书在看，过两站上来一个外国人，还和人家搭讪练习一下口语。人家的学习意识如此强烈，你坐车时还在玩手机、看风景、睡觉、发呆、看热闹……人与人的差距，就是这样产生的。

工作中，什么样的新人最招人讨厌？

有一种叫不懂马上就问。

也许在学校这没什么，但是在职场，你应该有独立思考去解决问题的能力，不懂先自己想办法搞定，实在处理不了再问，这样你才能成长，也不会浪费别人的时间。这是学习的方法问题。

兄弟连有一句话：让学习成为一种习惯。

思维决定行动，建立学习的意识和掌握学习的方法，落实到行动。

行动培养习惯，一次又一次地去做就会形成习惯，习惯是一种可怕的力量，人是按照习惯做事的。就好像洗澡，你不用去琢磨今天我是先洗头还是先洗脚，已经做过太多次了，变成了习惯，一种自然而然的行为。每次出差，明哥都会问同事大概需要多久的行程，以便确定是带一本书还是带两本书才够路上看，这成为我的习惯。

习惯决定命运，好的习惯会决定你的命运，坏的习惯也会。

让学习成为一种习惯，你在社会上的核心竞争力其实就是你的学习能力。

4．沟通技巧

沟通技巧，首先要有正确的沟通态度。

有的求职者，在面试的时候紧张得要死，你猜面试官会不会那么善解人意，哎呀，这个小姑娘是不是从来没面试过啊，陌生的行为谁都会紧张，我理解一下吧……

醒醒，醒醒，亲，别做梦了……

面试官对紧张的最常见的两个判断，一是不自信，二是撒了谎。

第一个可能的判断是：你为什么坐在我对面那么紧张啊，是不是看了我们公司的招聘要求，自己都觉得胜任不了，害怕我问你的问题回答不上来会觉得尴尬，对自己的能力没有信心，你——不——自——信！问题是，你对自己都没有信心，凭什么要求我们对你有信心，录用你、培养你啊，我们又不是脑子进水了……

第二个可能的判断是：你为什么坐在我对面那么紧张啊，一直低着头不敢看我的眼睛，是不是你心虚，你简历中有虚假成分，你回答我的问题时有夸张的地方，怕我看你的眼睛，发现你眼神里的慌乱，你——

造——了——假！每家公司都标榜自己有不同的文化，但对人基本的要求是诚实。

要树立正确的沟通态度。面试是双向选择，面试官在考察你，你也在了解他们公司；他们可以决定聘不聘用你，你也可以决定去不去。所以，别弄得和审讯逼供一样，放轻松点。

有人问我，怎么提升沟通能力？其实非常简单，向身边的人学习，总有人沟通某方面做得比较好，学习，为我所用；总有人沟通某方面做得不好，学习，不犯同样的错误。三人行，必有我师焉；择其善者而从之，其不善者而改之。

5. 情绪控制

现在的年轻人很有个性，好的一面是很有想法，不好的一面是太情绪化。

在公司做错事，被主管骂了一顿，一拍桌子不干了，走了；换一家公司，又犯了个错，被老板训了一顿，一拍桌子不干了，又走了；最后，没有公司会聘用你……

发脾气是本能，控制脾气是本领。今天老板骂你是笨蛋，学会忍耐；一年以后，学到本领，一纸辞职书摔在他的桌子上，"亲爱的领导，一年以前，你骂我是笨蛋，今天笨蛋要走了，谢谢你这一年里对我的关心和照顾，再见。"是不是很酷？

永远不要让你的脾气比你现在的本事还大！一个没有抗压能力的人，不会被委以重任。煤和钻石属于同一种物质，经过上亿年的时光，却成为两种不同的物品。由于所受压力不同，转化方向也不一样，受压小的变成了煤，而受压大的变成了钻石。

近日一个网上的朋友问我："明哥，刚入职总被领导训怎么办？"

很简单，一句话："努力，让领导找不到训你的理由！"

有一天工作了，不要前一天和对象吵了个架，第二天所有同事看你都觉得不对劲。不要把家里的情绪带到公司表演，一个情绪太外露的人做不成什么大事。

先处理心情，再处理事情。

职业素养是你对职业了解与适应能力的一种综合体现，有性格上的因素，需要你在成长中历练；有工作中的情况，需要你在实践中思考。

凡事预则立，不预则废。找到职业方向、掌握一技之长、提升职业素养，做好求职前需要做的功课。

"凡人做一事，便须全副精神注在此一事，首尾不懈。不可见异思迁，做这样想那样，坐这山望那山。人而无恒，终身一无所成。"引自曾国藩家书，与君共勉。

第 3 章

求职注意事项讲解

本章明哥分成 3 篇 10 节，依次讲解求职简历、面试准备、面试过程要注意的求职事项，从面试前、面试中、面试后三个方面给大家一些建议。

具体内容如下：

* **求职简历篇**

3.1 简历编写的技巧

3.2 简历投递与运用

* **面试准备篇**

3.3 面试方式与形式

3.4 面试的容貌服饰

3.5 面试的准备工作

求职注意事项讲解 第3章

* **面试过程篇**

3.6 面试紧张怎么办

3.7 如何做自我介绍

3.8 面试的言行举止

3.9 面试的情绪控制

3.10 面试的善后工作

如果闲时没有祈祷，那么现在明哥要教你的就是急时抱佛脚的方法。

明哥在大学举办求职讲座，一个学生问："老师，我们学这些技巧会不会有求职作弊的嫌疑啊？"我反问这个学生："你和女朋友约会的时候，会在她面前放屁、打嗝、挖鼻屎吗？"

明哥不教大家撒谎，我们要说实话，但是可以趋利避害。

更何况，你以为面试的技能测试题是随便出的？面试的问题是胡乱问的？性格测试题是和你闹着玩的？你想做个天然素人，就好似拿着小米加步枪去和人家的飞机大炮PK……

我们学习这些，只是为了更好地展现自我，不要莫名其妙地做了炮灰。

希望接下来的内容让你觉得有益，或至少有趣。

求职简历篇

3.1 简历编写的技巧

简历不是什么？

简历不是履历表，不是自传，不是征婚启事，不是入党申请书，不是回忆录……

简历是什么？

简历是一种个人广告，是自我推销的工具，用来展示一个人的专业技能和综合素质对未来公司的价值。它是一块敲门砖，可以为你赢得一次面试机会。

希望对以上两个问题简单粗暴的回答，可以让你对简历有一个初步的概念。

简历是依据应聘职位，对个人能力、学历、经验、经历、特长、爱好及其他相关情况所作的简明扼要的书面介绍。

找工作的第一步就是写一份合（you）格（xiu）的简历。

本节明哥分成5个部分讲解如何编写简历：

（1）HR如何筛选简历。

（2）简历需要呈现什么内容。

（3）好简历的4个要素。

（4）一个典型的反面教材。

（5）简历编写的注意事项。

在本节最后进行一次小的探讨：只有找工作时才需要写简历吗？

3.1.1　HR 如何筛选简历

简历筛选大多为三部曲。

第一道程序：初选

人力资源部对硬性指标快速筛选淘汰，根据不同的岗位进行分类。

第二道程序：复选

初选资料传送到相关用人部门，由用人部门主管对候选者的专业技能进行筛选，确定可面试者，将名单交给人力资源部跟进。

第三道程序：邀约

人力资源部向求职者发出邀请，进行笔试、面试或实操。

HR（人力资源工作者，为行文方便，之后均简称 HR）负责初选，对于你是否可以获得面试机会起决定性作用。而且大多用人部门主管复选时，也会听取 HR 的建议。想通过 HR 的考核，重要的是写好简历；对于用人部门主管，重要的是面试时讲好简历。

那么，HR 如何筛选简历呢？画风是这样的——

他们是在浏览，不是在阅读；

他们是在寻找关键词，而非逐句分析；

他们关注简历的内涵，而不仅仅停留在文字的堆砌；

他们干的不仅是脑力活，还是体力活……

大学生熟悉的校内招聘，一家公司派去三四个人，少则三四天，多则一周，布置展台、现场招聘、

筛选简历、面试、通知面试结果……能用在筛选简历上的时间也就半天、一天。每场招聘会收到几百份简历，怎么筛选？也就看看几个关键词（任职条件），大致浏览下，二三十秒就看完一份简历。

简历投出去后石沉大海、杳无音信，大多是因为没有吸引住HR的眼球。所以，切记要换位思考，从招聘者的立场看待自己的简历！

简历，"简单有力"。就是突出重点，在短短的一两页纸中把你的亮点展现出来，别拿写毕业论文的劲头写简历，世界这么大，我们都很忙，没时间在长篇大论中归纳总结我们需要的信息。还记得明哥大学刚毕业时的简历有十几页，有里有面的，学校介绍、院系介绍、推荐信、个人简历、成绩单、获奖证书复印件（但凡是个证就往上贴）……怕面试官找不着还有目录索引呢。现在想想，明哥当年怎么那么傻啊……

HR最讨厌的是过于雷同的简历。找个模板，套个格式，改改内容，搞定！千人一面，看多了都想吐……这种简历，最后往往成为被批量淘汰的一员。毕业生经历相似，简历雷同在所难免，但一定有人可以把一样的事用不一样的方式写出来，这才叫水平。

3.1.2　简历需要呈现什么内容

简历应该呈现的内容主要就三点：

你是谁？因为他不认识你；

你想干什么？这是他要知道的；

你能干什么？这是你要证明的。

模板花俏，行文华丽，只是形骸，最重要的是如上三点。

1. 你是谁

明哥曾经收到一些马虎大意的求职简历。有的连性别都没写，名字看上去还不是一目了然可辨男女；还有的没写年龄或出生日期，不知道多大岁数，怎么着？你让 HR 我猜我猜我猜猜猜是吗？有的职位可能对求职者有形象要求，你就应该在简历中附照片；如果你想找住所附近的工作，就应该写明现居住地，以免浪费彼此的时间。

2．你想干什么

即简历中的求职意向。有的求职者自作聪明，写了好几个职位，这是更多选择更多欢笑的节奏？增加中奖率？你到底想干什么，不能指望面试官帮你选一个！

公司招聘不是皇帝选妃，对于新人，我们需要的是"痴情种"，而不是"花心大萝卜"。你想干什么，要清晰、明确、简单、专一！否则 HR 会担心你的稳定性，因为你没有明确的职业方向。

3．你能干什么

这是简历最重要的部分，你要证明你可以胜任应聘的职位。

你学习过什么课程，你掌握了什么技术，你获得过什么奖项，你参加过什么社会实践，你对这个行业和职业有什么了解，你有什么样的自身条件……一份简历中呈现的最核心的内容就是这些，也就是 HR 所说的胜任能力。

一份简历如果不能简单粗暴地说明以上三点，就不是一份合格的简历。至于简历漂不漂亮之类的，当然也很重要，毕竟美就是生产力，谁都喜欢赏心悦目的东西，但是，千万不要舍本逐末。

3.1.3 好简历的 4 个要素

写好一份简历，明哥觉得，有 4 个要素必不可少：
逻辑清晰、重点突出、用词精准、注意细节。

明哥聊求职

1. 逻辑清晰

你的简历中所有内容只有一个指向性：我能胜任这个职位。

好的简历应该呈现出稳固的"金字塔"结构：求职目标在塔尖，其次是达到目标的素质（比如知识、技能、品格等多个维度），位于金字塔底部的是具体的论证素材。内容主要包括基本信息、求职意向、专业技能、教育经历、曾获奖项、实习经历或工作经验、自我评价等。求学过程、实习、社会实践或从业经历要连续对应、表达清楚，不要出现时间上的逻辑错误。

逻辑性也是求职者基本的职业素质之一，一份信息陈列没有逻辑的简历，必定在工作中不会将事情处理得井井有条，可能办公桌上终日都是一片狼藉……

2. 重点突出

明哥摆摊卖苹果，一定会把又大又红的放前面，擦得锃亮，把又小又丑的放后面。你问我甜不甜，我一准儿告诉你：肉脆、汁甜、果大、皮红，今儿不买明儿没了啊。走过路过不要错过，甜过初恋的皇家宫廷小苹果……

简历也是如此，重点列举与所申请职位相关的信息，不写或者弱化对方并不重视的内容，有针对性地突出你的优势。每个人都有缺点和不足，但是你要记住，简历是正面材料，你应该告诉别人真相，但是你没有必要告诉别人所有真相……

3. 用词精准

简历中的词语要精练准确，内容高度概括，表达简洁明了、平实有力。多用事实说话，少写空洞词句。

减少主观信息，用数据说话、用结果说话、用细节说话。

案例：大学弹棉花社团联合创始人负责会员招募，在××天内张贴了××份海报，报名同学有××人，最终招募会员××人。自学开发弹棉花×大网站，不到×个月注册会员达××人，并成功拉到××赞助校弹棉花大赛，被誉为×大弹棉花第一人……

不要出现语法不通、用词不当的错误。

"我基本上是一个非常认真的人"，你到底是不是？

"这次社会实践有一个好的下场"，下场有好的吗？

正式文案，忌口语化。

"××技术我很熟悉"，应该用"我熟练掌握××技术"。

"还算勤奋""为人挺开朗的"，诸如此类用词不要出现。

4．注意细节

明哥看过多份简历，用的还是某招聘求职网站的模板，Logo都带着呢……拜托，能不能找工作认真点？一份简历，好几个错别字，英文专用名词大小写不一致，标点符号一会儿全角一会儿半角，两页纸的简历行距居然都不统一，还有的简历不是满页，两页零几行……亲，你想干什么？你是真的想找工作吗？拿出点诚意来好不好！

不要犯这样的低级错误！细节决定成败！一份这么重要的文件，错误频出，谁会相信你是一个做事认真细心的人？甚至从求职态度来讲也不足够用心，因为这根本无关能力。

虽说内容大于形式，但是不可否认，人人都是外貌协会的，所以，简历最好版式美观整洁、行距统一、字体一致，漂亮的简历就像一个美女一样吸引人。

3.1.4　一个典型的反面教材

这些年明哥行走江湖，见过简历无数，俗话说，林子大了，什么鸟都有，整理一份奇葩的集大成者，博君一笑吧。

明哥聊求职

个人简历				
姓　　名	赵四	英 文 名	尼古拉斯·赵四	照片
性　　别	男	爱　　好	女	
出 生 地	中国	婚姻状况	宁愿骄傲地孤独，也不愿卑微地恋爱	
政治面貌	良民	健康状况	还行	
毕业院校	英雄何必问出处	计算机水平	非常牛×	
自我评价	1. 细心谨慎，在上学期间从未丢失过钱包、手机、证件等。 2. 为人友善，与同学相处融洽，大学期间被推举为宿舍舍长并连任三年！ 3. 才华横溢，文能提笔安天下，武能上马定乾坤			
求职意向	应聘职位	士为知己者死，女为悦己者容		
	期望工作地区	北上广均可	期望月薪	3000元（税后）
获奖经历	在校期间多次获得康师傅"再来一瓶"奖励。			
工作经验	2015年6—9月 于××××公司实习； 2015年10—12月 于××××公司担任网管，工作期间萌生创业想法辞职； 2016年1—3月 创立××××网络公司（网吧），经营不善转手他人； 2016年4月 于××××公司从事行政工作，因与个人职业生涯有所出入而离职； 2016年5—6月 于××××公司做销售员，业绩非常突出，因身体原因离职； 2016年7—2017年1月 于××××公司担任策划专员。 离职原因：看不起这家公司（具体可当面叙述）			
教育经历	2012年8月—2015年7月 北京××××学院　计算机网络专业　大专 对电脑熟悉程度，绝非一般！			
理想主义 人生	小时候想当科学家，后来看《十万个为什么》，想当宇航员和文学家； 上了幼儿园被评为艺术方面有才气的小孩，励志长大做画家； 小学一年级开始接受绘画培训，擅长抽象画，画的作品都非常抽象； 三年级时发表过一篇微型自传体小说《养鸡小记》； 四年级经常埋头夜读，五年级终致无可挽回的近视150度； 初一时发现自己不是学画画的材料，转而学习吹口哨； 初二时不我济，竞选生理卫生课代表未遂； ……			

有的简历不像来求职的，倒像来搞笑的。明哥只能说在写简历时，卖萌可耻，婚姻状况应该填已婚，而不是累；兴趣应该填足球、篮球什么的，而不是女；爱好应该填唱歌、跳舞什么的，而不是吃；特长应该填绘画、书法什么的，而不是腿；政治面貌应该填群众，而不是浓眉大眼；英语水平应该填四级或六级，而不是还行；健康状况应该填良好，而不是吃嘛嘛香……

本节简历编写，明哥着重介绍内容而非形式，至于美观方面，上面所用的小清新简历模板，网上一搜随处可见，挑一个自己喜欢的，更改调整即可。人靠衣妆马靠鞍，简历不能太丑。但凡事过犹不及，也不要太过追求花里胡哨的模板。

3.1.5 简历编写的注意事项

简历一般包含求职者基本情况、求职意向、曾获奖项、教育经历、工作经验、自我评价6大部分，接下来我们逐一剖析。

1. 基本情况

包括求职者姓名、性别、民族、籍贯、现居住地、出生日期、学历、婚姻状况、外语水平、照片、联系方式等。

原则一：千万不能"缺胳膊少腿"

必要信息呈现完整，很多职位会对基本情况有明确要求。需要长期出差的销售岗位，可能会倾向于无家庭负担的小伙子；处理客户投诉的客服，大多是小姑娘，因为亲和力较好，这是对性别的要求。指望HR筛选简历的时候发现信息不全，打个电话询问你，HR恐怕不会那么喜欢你，越是初级的职位越不会，除非你的照片美得冒泡或帅得流油。

更有甚者，联系方式都写错了……想邀约你面试，"臣妾做不到啊"。有的求职者会故意屏蔽个别基本信息，如觉得自己学历写出来不好看，就直接省略了。这种必不可少的个人情况，如此做会显得欲盖弥彰。

原则二：非必要的弱项可以忽略

如果你的英语连四级都没过，那么"外语水平"这项就别写了，你说我卖个萌吧——"东北方言，优秀"，在简历上卖萌不可耻，但是会被毙。再比如照片栏，如果你长得像明哥这么"谦虚"，就别放照片了，这不是自曝其短吗？但是必要选项，如学历，就算你不写，HR 也一定会问。

如果套用现成的简历模板，那么所有选项都要填写，不想填写的选项删除，千万不要留白。

姓名，用真名，避免入职后，无论是交学历资料还是发放工资时，带来不必要的麻烦。

籍贯，需要填写，有的公司会关注你是哪里人。虽说明哥痛恨地域歧视，但在现实中确实存在。

婚姻状况，必要项，HR 尤其会关注女性求职者是否结婚及生育。

现居住地，HR 会关心你的上班距离，租房可以搬家，买房不易挪动，这是出于员工稳定性方面的考量。

政治面貌，属于个人隐私，可写可不写。国企，同等条件当然党员更好；外企，政治色彩越少越好。

联系方式，确保通畅，取消个性化的彩铃，不要 HR 电话打过去听到的是"别人电话我都听，就你电话我不听，气死你啊气死你……"。

照片，如果你本人长得漂亮或帅气，那么绝对可以附上一张照片，否则就算了。一定要贴本人稍正式的照片，别选用手机自拍照、漫画像、浓妆艳抹的艺术照之类的。

健康状况，可写可不写，一般都会写成良好，有的公司会要求入职体检。

其他如身高、体重、血型、星座等，非应聘职位要求，没有必要呈现。简历中留电子邮箱信息，明哥不建议留 QQ 邮箱，歧视留 QQ 邮箱的简历是 HR 圈一项广泛的"潜规则"："QQ 邮箱是聊天工具的附属产品""大部分人的 QQ 邮箱是千奇百怪的昵称，显得工作生活划分不清楚"，高大上的外企一开始就屏蔽 QQ（虽然他们用的 MSN 死了，但是对 QQ 的歧视还活着）……

简历中有的信息不必呈现，如身份证号码，要具备一点安全意识。如果对方是骗子，你的防范意识再差点，就糟糕了。

2. 求职意向

包括职业目标、工作性质、期望薪资、工作地点等。

工作性质，只是全职、兼职之分，一般在招聘求职网站填写简历会有此选项。

工作地点，即意向就业城市，一定是某一个城市，不是"北上广均可"这种说辞。今天你入职我们北京公司，工作了三个月，觉得不适应这个城市，想辞职去广州发展，人家前期对你投入的培养，都打了水漂……谁敢用你？

关于职业目标，有两点禁忌。

一忌填写多个

应届毕业生的简历很多就是一站通，没有针对性，求职意向写了几个职位，而且有的职位跨度很大，没有丝毫联系。一个学工商管理刚毕业的学生，求职意向填写了市场营销、财务管理、人力资源、战略规划……一天班没上过，你规划啥啊？这种事还是留给有经验的人做吧，新人还是老老实实地从基层做起。

只写一个求职意向，简历内容全部围绕这个主题写，让简历有针对性！

二忌太过笼统

你要做什么？我要做程序员……这太笼统，是一个非常宽泛的范围，要有明确的指向，例如，是 PHP 程序员还是 Java 程序员。

职业所属行业，新人求职，明哥不建议写得特别明确，你写我期望就职于金融行业，非此行业的公司就会有所顾虑。作为一个新人来讲，话语权还不大，先争取到更多的面试机会才是关键，就算真不想去这个行业，你也可以积累面试经验。

期望薪资，有的求职者会非常纠结，其实这并非必要选项，可以不写，面试时郎有情妾有意、你侬我侬时再详谈即可。若是线上填表，则也可以写面议。若填具体数字，则建议参照业内行情，不要高得离谱，也不必低得吓人。有经验的求职者具备较强的谈判资本，想屏蔽低于预期的用人单位，期望薪资可以直接明示。

3. 曾获奖项

包括所获资质、证书、比赛奖项、奖学金等。

原则一：要与求职相关

大学参加校拔河比赛获团队一等奖，这没什么营养，几乎不会对求职有任何帮助。可以写获得校编程大赛二等奖（专业技能）、演讲比赛一等奖（语言表达能力）、创办校吉他社并任社长、获××市优秀学生社团（组织和领导能力）等。记住，简历不是你的表彰大会，一定要围绕主旨，不要跑题。

原则二：主次分明，先后有序

获得××公司的优秀实习生，要写在获校一等奖学金的前面，奖学金是奖励成绩，成绩是对知识掌握程度的检测，而实习才是考验知识运用的能力。知识不是力量，运用知识才是力量，公司需要的不是花瓶，而是做事的人。

职场新人，凡是获得的奖励都可以写上，这样会增加你获得面试的机会，但是一定要分清主次。另外，如果你考注册会计师，目前只过了三科，则也可以写上，这很有必要，别轻易把自己的优势给抹杀了。

再者，不要胡乱造假，人家公司去校招，好家伙，你们一个班级出来 18 个班长，这谁信啊？不必在简历后附证书复印件等资料，在你应聘成功办理入职时，自然会有人管你要。

4．教育经历

主要描述求学经历及参加培训的情况等。

原则一：按时间逆序叙述

这是为了便于简历筛选者查看最高学历，虽是细节，但体现用心。千万不要从小学开始长篇大论，几乎没有 HR 会关心你上的什么小学、读的什么初中，大多只留意最高学历。如果是大学文凭，则教育经历从高中开始即可，先写大学再写高中。很多研究生和博士生认为"只需写最高教育经历"并不可取，本科也要呈现。

在最高教育经历中，最好总结突出自己的技术专长和强项。

原则二：有主有次，突出重点

明哥曾任一所大学的外聘专家讲师，一次讲座分享之后，一名学生找到我希望帮忙指导简历，附录了他所有大学课程及成绩，密密麻麻，可谓详尽，可问题是，HR 会有这个耐心去看吗？

大学课程较多，一些与求职不相关的公共课，可以省略，突出与应聘职位相关的内容。曾有统计，简历上列出的学习课程，只有 4%的 HR

会仔细阅读。所以，列出重要的，一两行描述就够了。你可能有很多面，记得展现给 HR 他们最想要的一面。

原则三：**总结个人专业特长**

简历花了很多笔墨介绍学校、介绍专业，却很少提及个人。招聘公司更关心的是应聘者个人的特质和能力。无论是在学校还是参加职业培训，学了什么课程和掌握了什么技术，完全是两回事。你要告诉 HR 的不是你学的东西都有什么，而是你学会了什么、掌握了什么、精通了什么、熟练了什么……

5．工作经验

应届毕业生没有工作经验怎么办？

一是写实习经历，虽说工作要求和强度还差点意思，但毕竟是一种预先体验。

二是写社会实践经历，比如市场营销专业学生在上学期间去商场做促销员。明哥有一个兄弟，大一出租武侠小说，大二开始卖给大一新生日常用品，大三做一家印刷社的业务代理……现在早已是名企的销售总监。

三是写参加技能培训的项目经验，技能培训大多会有项目模拟或实践，可以作为经验来呈现。

有工作经验的，要写明工作时间段、工作单位、担任职务。工作单位可以有简单介绍，如兄弟连，国内最大的 PHP 程序员培训学校；担任职务，可以介绍一下主要职责、负责事项。工作单位最好能在网上搜索到，以增加可信度。

工作经历描述，频繁跳槽是大忌！一年换了五份工作，蹦来蹦去和小白兔似的，你猜面试官会不会信你能在他们公司稳定发展？还有几种情况也要特别注意，如工作经历有中断且没有交代、薪资起伏不定、只集中在早期经验却不提最近的经历等，都会让 HR 产生疑虑。

不要捏造事实，编造一个工作经验，入职需要上家公司的离职证明，或者做背景调查，到时候你就会很尴尬了。明哥一直反对简历造假，尤其伪造工作经验，姑且不说你是否能骗得过面试官，试想一下，当多年后你回首自己的职业生涯时，这将是一个污点，一个不可言说的、难看的污点，写在你的简历上，永远是一个大写的尴尬。

原则一：有的放矢，言之有物

描述要有的放矢，不要流水账似的平铺直叙，又臭又长。一定是真实做过，否则一问就露馅了，到时，你面对的不仅是尴尬，还有鄙视。

实习实践或项目模拟，属于什么行业，你在其中的角色，主要负责什么事情，期间运用的知识、技巧、工具，工作的完成情况等，重点描述"收获"，学会什么知识，有什么感触，最重要的是工作成绩，结果大于过程，功劳重于疲劳，最好给出具体的数字和获得的奖励。

原则二：体现综合素质

注意在叙述中有思想、无痕迹地隐隐渗透出自己的综合素质表现。

可以提及，如一些需要团队协作的事情，几个人如何分工协作、共同配合完成；如创新能力，开始效率很低，后来尝试使用××方法、××工具，提前××天完成；如学习能力，为了解××，胜任××，用了××天时间看完所有参考资料……

除了学习成绩，用人单位更看重的是求职者的个人能力和发展潜质。重点突出自己独特的东西，并使之与应聘岗位的需求对应起来。其实大部分岗位的基本要求都是相同的，如积极主动的工作态度、乐观向上的精神面貌、良好的抗压能力等。

6. 自我评价

自我评价是推销的机会，是对自己在学习、工作、心理等方面的总结和展现。

千万不要写成忠党爱国的模式！很多毕业生在这里罗列了一大堆词

语，比如：

本人性格开朗，待人热情，具有团队精神，善于与人交往，工作细心，严于律己，吃苦耐劳，上进心强，善于思考，乐于学习……

太优秀了！

实际上，写成这样的自我评价，谁看啊？这些缺乏事实和数字支持的空洞的词句，是 HR 最反感的套路。

原则一：实事求是

一定要实事求是，如果写自己沟通能力好，则 HR 可能会让你举两个沟通解决问题的例子，你讲不出来，就是瞎写。可以挑几个与工作相关的特长，罗列完词语，举个简单的例子说明一下，比如，组织能力强，独立组织过××活动，系里反响很好，受到学校表扬，云云。

原则二：叙述简练，避免学生腔

自我评价，一般几十个字，最多不超过 100 个字，与申请职位无关的不要写，而对申请职位有意义的经历和经验则绝不能漏掉。有的求职者喜欢在自我评价中写特长爱好，怎么着？你说你喜欢足球，我们还得给你准备个足球场呗。特长爱好以后在工作中有机会展示，简历写多了，会流于表面，没有重点。

千万要避免学生腔，"给我一个机会，还您一个惊喜""今天公司给我一份职业，明天我为公司开创一片事业"……对于这些顺口溜一样的口号，HR 早已免疫了。

原则三：突出闪光点

要体现自己与众不同的地方。明哥曾经收到一名农大学生的简历，在简历末尾的自我描述中写道："我是一个农村的孩子，贫苦的生活磨炼了我的意志，我非常珍惜这个机会，希望可以获得这份工作！"语言朴实，叙述简单，和那些夸夸其谈的复制、粘贴相比，更容易给人留下深刻印象。

每个人都会有自己的特长或者独特的经历，把其中与职位相关的写出来即可。

原则四：回避不利联想信息

不要做给自己挖坑的事，如兴趣爱好写听歌、旅游，写它干吗？想得多的老板没准儿会担心，你会不会以后工作期间请假出去玩或者上班时成天戴着耳机听歌？可以写喜欢看书，这表示爱学习，多好，但不要写得太具体，谁知道你是不是爱看武侠小说？

其他，如是否需要附英文简历。其实不是外企或招聘公司有特殊要求的，可以不附。如果写英文简历，一定不要有拼写错误或语法错误，最好找个懂英文的人帮你润色一下。翻译软件翻过来的，真的很生硬，没法看。

简历编写 6 个部分的注意事项明哥就介绍完了，肯定无法涵盖简历状况的方方面面。如有的求职者应聘技术岗位，可能有专业技能的部分，总结一下自己的技术特长；或者有项目经验的部分，呈现一下自己的学习或工作成果。

把最能证明你能力的部分放在简历前面呈现，如专业技能、工作经验等；像自我评价等内容可以放在最后，这往往只是基础之上的加分项。让 HR 先看到他想看的内容，这非常重要。

相信你看完后应该明白了万变不离其宗的奥义，引用美国前总统肯尼迪的一句名言："不要问你的国家能为你做什么，先问问你能为你的国家做什么。"在写求职简历时，请记住：先问问你能够为公司做什么，别着急问公司会为你做什么。

3.1.6　只有找工作时才需要写简历吗

"别到写简历的时候，才发现自己一无所有"，这是明哥在大学讲座时经常讲的一句话。

绝大多数人找到工作后，简历就被束之高阁了，直到有一天想要跳槽时，才又翻腾出来，临阵磨枪，想想、凑凑、拼拼、改改，往往写的不如过去做的好，因为人都是健忘的。

明哥于此的建议是：工作，要边做边记；简历，要常更常新。

简历不应该是每次要求职了才写，在你的整个职业生涯中，取得的进步和成绩，应该及时更新到你的简历中，无论何时，简历拿出来，应该是现成的，而不应该是现写的。简历应该永远是最新的，它是你的职场履历，记录了你的职业发展、你的成熟与成长。

人生的每一笔经历都在书写自己的简历，甚至……等你终老那天，会成为你的墓志铭。

记录，不仅仅用于铭记，更用于总结。失败，从来不是成功之母，失败就是失败，只有总结才是成功的亲娘。时时更新简历，才会刻刻检讨自己，如果这一年下来简历中除了工作年限增加了，没有任何浓妆淡抹的一笔，那么，你这一年都做了什么？

永远不要在职场混日子，因为你混的不仅仅是日子。当你年轻的时候，乐于安逸，不是一件好事。曾经有人做了一项统计——你一生中最后悔的事，排名第一的是，92%的人后悔年轻时努力不够，导致一事无成。

记住，只有没本事的人才混日子。人生最清晰的脚印往往印在最泥泞的路上。如果你想拥有从未有过的东西，那么你必须去做从未做过的事情。年轻时，别让自己过得太舒服了。

我相信每个人都有自己的职业理想，而每半年或一年更新简历，就是在检查自己是向理想又迈进了一步，还是在原地踏步，甚至是在退步。就好像游泳，边游边时而看着前方，别游着游着跑偏了，进了别人的赛道……质的变化一定是量的累计，看着终点，边做边改，边行动边修正。简历如同镜子，照出你的步伐。

一个人如果不及时按照自己所想的方式活，那么你总有一天会按自己所活的方式去想。

在工作中记录，在记录中总结，在总结中反省，在反省后成长。

每个人都在用一生书写自己的简历。

如果有一天，明哥百年终老，那么我希望在追悼会上，我的孩子站在台下，台上有一个人在念："李明，这个躺在这里一动不动的家伙，曾经帮助了很多找工作的人……"而不是只在念我生于×年×月×日，逝于×年×月×日，好似我从未来过这个世界，没有留下一丝丝痕迹……

用一辈子的时间，给自己写一份漂亮的简历吧！

3.2　简历投递与运用

简历写完，并非大功告成，只是万里长征走完了第一步，爬雪山、过草地的事还多着呢。有的求职者把简历写好挂在某个神奇的网站上，然后就守株待兔等别人约了，一点做人的情趣都没有……

很多人好不容易写完了简历，去招聘求职网站一搜职位、一看描述，心里顿时凉了半截，个顶个的要求高得吓死人，想买块豆腐撞死的心都有了。

淡定，大可不必惊慌。

公司写招聘要求，就好似你找对象一样，会有各种美好的幻想：找个什么样的男朋友啊？高大的，帅气的，有才的；找个什么样的女朋友啊？漂亮的，可爱的，温柔的……但是实际呢？遇到那个人，感觉对了就好。公司招聘与此同理，我们想找的员工，什么样啊？本领强、性格好、体力棒、业绩牛，干嘛嘛行！

一个漂亮的小姑娘，想找个男朋友，目标是明哥这样的，可能吗？

招聘要求一般都会写得高大上一些，从另一个角度来说，这也是一种公司形象。所以，不要对着招聘要求逐条比对完美适配才投简历，只要差距不太大，都可以试试，撑死胆大的，饿死胆小的，更何况，投了不中又能怎样？你又没有任何损失。

当然也不排除这种情况：投了简历，进行了面试，"哎呀，你不完全符合我们的要求，但是，我们可以聘用你，不过，薪资方面恐怕要稍微低一点……"很多人看到这里会不会已经怒不可遏、义愤填膺了？可恶的资本家！该死的黄世仁！变相压低我的工资，城市水太深，我要回农村！首先，这是极个别的现象；其次，招聘求职本身也是博弈，更何况，有一天你当了 Boss，保不齐比这还"黑"呢……

求职就像一场相亲，双方都可能不同程度地在"伪装"，想把自己最好的一面呈现给对方，每个求职者都优秀得花见花开，每家招聘公司都美好到令人发指……对于双方来讲，都是一场甄别能力的较量。

关于简历的投递与运用，明哥分成以下三个部分介绍：

（1）电子简历如何投递。

（2）纸质简历注意事项。

（3）让简历打动面试官。

3.2.1 电子简历如何投递

明哥当年找工作时，主要的求职方式是参加大大小小的招聘会，有的还需要花钱买票，会场和菜市场一样，人挤得和照片似的，好不容易看到一家意向公司的展台，还没来得及投简历呢，就被挤到了下一家……明哥的第一份工作就是这样找到的。

时代不同了，如今的年轻人不需要像明哥当年一样满大街地跑人肉市场了，现在更多的是在网上投递简历：在招聘求职网站上提交简历或者发电子邮件投递简历。

线上提交简历，属于以逸待劳，等着招聘公司检索到你的信息；而看到招聘信息投递简历，则是主动出击。以逸待劳，只要写好简历即可；而主动出击，则有很多要注意的问题。

为什么简历投出去后没有回应？

很多求职者有一个错误的观念，广撒网多捕鱼，本着"没有笨蛋，只有懒汉"的原则，想以数量取胜，在网上一天投出去上百份甚至几百份简历，自己觉得特有成就感，之后其实都石沉大海了……

海投，往往意味着瞎投，HR 在你的邮件中看不到丝毫的诚意。

另外，不要指望发出去的邮件都有回应，HR 筛选简历，如若不合适默认就 PASS 了，忙得团团转，哪有空和一个非候选人去表现礼貌啊。

再者，招聘求职网站上并非所有信息都是真实有效的，有的公司可能现阶段并不需要这个岗位的人员，一样打着招聘广告。对于公司来讲，醉翁之意不在酒，一方面可以积累人才库，另一方面广告放在那里也是一种公司品牌宣传。

简历投递，不要在一两棵树上吊死，狡兔三窟，中华英才、智联招聘、前程无忧用用；拉勾、猎聘、BOSS 直聘、100Offer 试试；58、赶集也可以看看……应聘职位相关的 QQ 群去混混。明哥过去有几个学生通过微博给老板发了私信询问是否招人，得到面试机会应聘成功。与其抱怨工作难找，不如动脑筋想想更多的方法。

很多求职者是刚毕业的学生，对电子邮件的使用还比较业余，明哥就邮件投递简历的标题、正文、附件给些建议。

电子邮件投递简历，可以更加有针对性，不要一份简历打天下，不管哪家公司、不论什么职位要求，就这一份，你们看着办。每家公司的"坑"因业务差异、职责范围等不同，要求略有不同，你要根据不同的"坑"，稍加修饰，变成其要求的白萝卜、青萝卜、胡萝卜、水萝卜……

比如这家公司要求沟通能力强，你就应该在简历中增加你通过沟通解决问题的经历，在自我评价中着重体现；那家公司强调有工作经验优先，就应该把不论是过去的工作经验还是实习或实践经验，与之相关的统统呈现出来。

投其所好，才是对症下药。

1. 意图明确的标题

明哥收到过很多求职邮件，标题是空的，正文一个字没有，懒到一定境界了，这种邮件大多直接进了垃圾箱；还有什么"个人简历""应聘""求职"等分分钟会被淹没在简历堆里的标题。求职的所谓运气不好，从根上来说，都是用心不够。

越是要求不高的职位，应聘者越多，很多时候 HR 是挑着看简历的，哪个标题写得好，他就会先看哪个；哪个标题重要信息全，搜索容易查找，自然会增加打开率。所以标题怎么写至关重要！

邮件标题最起码要有的信息是应聘职位，如"应聘程序员鼓励师的××简历"，道破你的求职目的，通过标题，HR 很容易得知你应聘的职位；还可以适当添加重要信息，也就是符合对方招聘要求的信息，包括所学专业、毕业学校、工作经验、特定要求等，如"××大学××专业毕业生应聘××职位""××职位××年工作经验的简历"……

专业对口，强调专业；毕业学校有名，务必写上；有工作经验，一定要体现。这些都是重要信息，对于公司要求可以立刻上岗的应届毕业生，"随时可到岗"就是重要信息！

要让 HR 第一眼就看到你的优势！

2. 大有讲究的正文

正文一行字:"本人简历于附件中,劳烦查收。"

有的求职邮件就是这么简单且任性,甚至只字没有,白茫茫的一片真干净……

明哥不建议只使用附件发送简历。

这会增加 HR 阅读简历的时间。大量的应聘邮件,对于 HR 来说简直是对耐心的巨大考验。当他好不容易熬到打开你的邮件时,居然发现还要再打开附件才能看到简历,也许,你就被 HR 略过了……

记住,把简历粘贴在正文中!

但一定不要直接复制招聘求职类网站上填好的模板,这会让 HR 觉得你做事敷衍、不用心。

也不要只是在正文中粘贴简历,还应该附上求职信。

您好!很荣幸向您呈上我的个人简历。

我今年 7 月从××大学××专业毕业,参加了××学习,掌握了××技术,有过××经验。(简练陈述胜任能力)大学期间就立志从事××行业,(职位见解)我十分欣赏贵公司的××。(认同声明)随信附上我的简历,感谢您在百忙之中给予我的关注。(提醒及礼仪)

静候佳音,祝您工作顺意、心情愉快!

李明

2016 年 7 月 7 日

以上是一封求职信的示例。

不要寄希望 HR 会很详细地看你的求职信,篇幅以 200 字左右为宜,行文流畅,不要用"久闻贵公司……"这种学生腔,忌过长及与简历内容重复，有的放矢、突出重点地表述你所具有的优势，还可以说明对职位的了解及意向、对企业文化或产品的认同等，表表忠心，这样可以增加 HR 对你的好感。

有头有尾。开头要有称呼，用"您好"即可，不建议用"尊敬的人资经理"之类的，大多筛选简历的 HR，职务恐怕都不是经理，你这不是给人家添堵吗？结尾要有落款，注意礼貌用语，展示一下"我是一个有礼貌的好孩子"。

即便对方要求简历以附件形式发送，邮件正文也不要什么都不写，一封简短诚恳的求职信能够增加简历被阅读的概率。但务必仔细，一旦在你的求职信中出现病句错字，反而弄巧成拙。

在求职信下复制简历，不要因为简历模板漂亮就有些"舍不得"，粘贴过来后，如果图片尺寸、表格大小出现比例失调，就略微调整一下。慎重起见，还可以调整后先发到自己的其他邮箱，看一下效果，调至最佳后再投。

3. 魔鬼在细节

QQ 邮箱会保留昵称，所以尽量不要用。如果 HR 收到的邮件显示发件人是"总有贱人想害朕"，估计你就凶多吉少了。修改邮箱的账户昵称，最好用自己的姓名。

周全起见，明哥建议，在将简历贴到正文的同时，再附一份放在附件。

附件的命名不要用"个人简历""我的简历"等，建议用"应聘××职位_×××"，便于 HR 将你的简历分类归档，而不需要重新命名。明哥见过的最离谱的附件简历名是"新建 Microsoft Office Word 文档"……

简历的文件格式，建议使用较为通用的 Word 文档。IT 行业求职者喜欢用 PDF 格式，问题是，HR 不一定有 PDF 阅读器；甚至明哥多次收到 WPS 文档的简历，试问若 HR 电脑并无相关软件，有几人会为了看你的简历专门安装一个？更不要把简历和证书图片等多个文件用压缩包的形式发电子邮件，记住，让 HR 打开更麻烦，对你永远不是好事情。

邮件签名也要注意。明哥年轻时是一个"装模作样"的文艺青年，曾经把工作邮件签名设置成这个造型：

我是一棵秋天的树

时时仰望天等待春风吹拂

但是季节不曾为我赶路

我很有耐心不与命运追逐

结果，总裁看到邮件中的签名，觉得我可能处事消极，差点升迁未果。所以，千万不要犯明哥这样的错误。

总之，电子简历的投递要做到：用心+细心。

3.2.2 纸质简历注意事项

面试时，需要用到纸质简历，要注意三个方面的小细节。

1. 打印

采用标准的 A4 纸打印，纸张手感要好，厚薄适当，太薄显得廉价，太厚没有必要，你又不是发喜帖。

在大量打印之前，先打一份，查看整体效果，有问题时要及时修改。打印后用手摸一下墨迹是否沾手，如果面试官看完后两手黑黑，那么估计他会对你下"黑手"。

彩色打印，明哥觉得只是浪费银子，HR 不会因为你的简历是彩打的就多看一眼，也不会因为你的简历是黑白的就少看一眼，毕竟是招聘人才，而不是收藏简历。

2. 保存

女性求职者的简历大多干净整洁，男性求职者的简历有的就差点意思了……明哥见过简历上有水渍的，见过简历有错字拿笔划掉改正的，见过折了几折装兜里掏出来皱皱巴巴的。

找工作的敲门砖啊，弄得脏兮兮的，你对自己都马马虎虎，怎么指望别人尊重你？简历不能涂改，如果有错误，则只能修正电子版，重新打印一份。去面试的时候，最好弄个档案袋装简历，保持简历平整。

3. 使用

面试不要忘记携带简历，"带简历了吗？"结果你掏出一个 U 盘，"麻烦您帮我打印下"……

把简历递给面试官时，双手呈递，以示尊敬。

不要忽视一个重要的小细节——文字正向对方。很多求职者都是从包里掏出简历，一看没错，"给您"，面试官接过来，字是反的，得把简历转 180°才能看。递交前，先把简历转 180°，文字正向对方呈递，面试官接过来就能看了。让别人方便而不是让自己方便，虽然是一件小事，但是很多时候别人对你的第一印象就源自小事。

3.2.3　让简历打动面试官

千篇一律的简历，注定只能泯然众人矣。

但在一堆苹果中间有一只香蕉，就不一样了，与众不同。

1. 内容或设计新颖

多年前，明哥曾经看到一份非常特别的简历，一个学美术设计的小伙子，找工作屡屡受挫，后来用漫画的形式画了自己的求学经历和自身情况，非常有创意，发在网上，没几天，很多企业联络他，从"养在闺中人不识"一下子变成了"一举成名天下知"。

明哥找第一份工作时，用的是网上现成的简历模板，土得掉渣。后来上班时无意间看到了公司一位应聘者的简历，设计的版式干净漂亮，布局简洁清晰，印象深刻，于是按照他的套路，重新设计了自己的简历，又进行了一些更改，让人一看眼前一亮。不知道是不是这份简历的功劳，明哥跳槽时，一击即中。

2. 辅助工具的使用

明哥大学毕业设计做的是财务软件（部分模块功能），当年找工作的时候，我把这部分程序代码存在了软盘上，在招聘会如果有特别中意且职位要求较匹配的公司，我就递上一份简历的同时附上一张软盘，说明里面是我的毕业设计。可能很少有人这样做吧，几乎所有附上软盘的招聘公司，我都获得了面试机会。

现在更加简单了，如果应聘程序员，则做过的项目，你可以直接把网址贴在简历中；如果应聘编辑，则可以在求职前就开始写博客，在简历中附博客地址；如果应聘设计，则可以带个 Pad 存好作品效果图，面试时现场展示……

相比简历，面试官会觉得这些"结果"更加有说服力。你所应聘的职位，你具备什么样的胜任能力，最好能有让面试官看得见的东西来证明。这不是诸葛亮舌战群儒的时代了，我们都要用事实说话。

关于简历，明哥用了两节篇幅介绍撰写和投递，没有面试邀约，基本上，要么是简历没写好，要么是简历没投好。如果说求职是一场短跑，那么写简历和投简历就是起跑的那个万分关键的时刻，所以因为简历被淘汰，就是倒在起跑线上的人，还没开始跑就输了。

也许这并不容易，但是，你要记住，容易的事情往往都没什么太大的价值。唐僧不会抱怨:"观世音菩萨,怎么有那么多妖魔鬼怪想吃我的肉呢?"选择了取经的路,一切都是你应得的,有白骨精是,没有孙悟空也是。

天道酬勤,曲径通幽,加油加油!

面试准备篇

3.3 面试方式与形式

人们对未知的事物总是感到恐惧，如面试。

想象中的鸿门宴，屋里有个项庄在舞剑，回头一看，身边还没个能吃会打的樊哙……

风萧萧兮易水寒，一去面试兮不复还，图穷匕见，死得很难看可咋办？

网上有一恶搞面试能够百分之百成功的段子：面试进去后，尽量接近面试官的手机，速度以迅雷不及掩耳盗铃之势，摔碎它！然后……认赔！要钱没有要命一条，不聘用我没银子还……

是不是脑洞大开？^_^

与其担心进去后会不会是灌辣椒水、坐老虎凳、威逼利诱、严刑拷打，不如提前知己知彼，了解一下企业招聘时面试官的手段和套路，才好"兵来将挡，水来土掩"。

我们先来看一下常见的招聘面试流程。

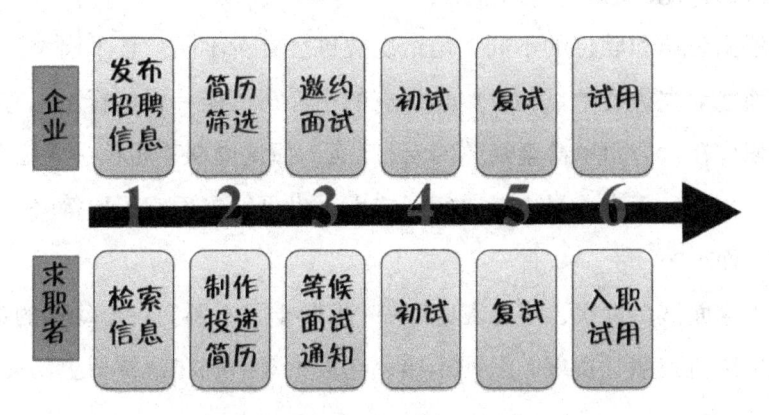

企业：1. 发布招聘信息 → 2. 简历筛选 → 3. 邀约面试 → 4. 初试 → 5. 复试 → 6. 试用

求职者：1. 检索信息 → 2. 制作投递简历 → 3. 等候面试通知 → 4. 初试 → 5. 复试 → 6. 入职试用

第一步：检索信息

在各个招聘求职网站，找到适合的用人企业。记住，聪明的求职者要学会主动出击，不要登记一份简历守株待兔，结果往往都是坐以待毙。

第二步：制作投递简历

在 3.1 节和 3.2 节明哥介绍了简历的编写与投递，写好简历，是尽量扬长避短；投好简历，是防止遇人不淑。

第三步：等候面试通知

邻家有女初长成，待字闺中的阶段。做好面试前的准备工作，此部分内容，明哥将在 3.4 节和 3.5 节详细介绍。

第四步初试，第五步复试，就是本节要叙述的内容。

求职者很纠结的一个问题是：到底要面试几次？

有一种面霸，是面试了 N 家未果；还有一种面霸，是面试了一家 N 次未果。再厉害的肖邦，也弹不出面霸的忧伤啊……

在大多数情况下可能会面试三次：

一面，HR 了解应聘者基本情况。

二面，部门负责人考察专业技能。

三面，HR 谈薪资待遇。

根据公司和职位的不同，面试次数也会有所不同。技术岗位，可能在一面之前先进行笔试初步筛选。有的小公司可能一面就行了，有的中高级职位在大公司里甚至需要四面、五面，面试周期甚至长达两三个月。有时，可能一面完了马上就进行了二面，也可能二面完了要等一个月再通知三面……

无论面试多少次，都要认真对待。求职千万不要犯一个幼稚的错误：面试情况自我感觉良好，公司不错，老板大气，就在这棵树上吊死了，而忽视了其他机会……记住，没有签字、画押、按手印的事，都存在不确定性！以后在社会上混，不要吃这种亏，不要跟着感觉走，不要轻信空口无凭的承诺，要以实实在在的协议或合同为准，至少是以看到入职通知书也就是所谓的 Offer 为依据。

第六步：入职试用

历经九九八十一难，终于取得真经修成正果，收到入职通知，准备好各种资料，就可以报道了。常见的资料有身份证、照片、学历证书、其他相关证件（职称证书、接受相关培训教育合格证书、专业人员上岗证等），如果之前有从业经验，则可能会要求提供上家公司的离职证明；有的公司还会要求入职体检；还有一些特定职位的要求，如出纳（属于外省市户籍人员）需要入职担保等。

在初试与复试中，面试的方式与形式多种多样，明哥用一种低俗但便于大家记忆的手法简单划分一下——

非肉身接触型：电话面试、视频面试。

肉身轻度接触型：技能测试、性格测试、人才测评。

肉身重度接触型：面试，一对一的单挑，或者一对多和多对一的群殴，如无领导小组讨论、情景模拟面试等。

验明正身型：背景调查、家访。

明哥依次为你庖丁解牛、娓娓道来……

3.3.1 非肉身接触型

招聘和谈恋爱一样，最好的沟通方法是面谈，这毋庸置疑。

那面试官为什么还会采用电话面试或视频面试？

一种可能是，实在没办法，求职者身在异地，或者面试官在出差中，先通过电话或视频进行初步筛选。明哥曾经面试一名意向高管，我在北京,他在广州,坐飞机往返,公司当然要负担交通费用,结果见面一聊,并不适合,几千元就华丽丽地打了水漂……

另一种可能是,收了一堆简历,初选意向者较多,如果按部就班地邀约面试,那么估计HR会"哭晕在厕所里"。这时采用电话面试或视频面试初步筛选,可以节省招聘时间和招聘成本,省时、省力、省钱。

初入职场的求职者碰到的更多情况应该是电话面试。明哥分别介绍一下电话面试和视频面试要注意的方方面面。

1. 电话面试注意事项

有些求职者觉得电话面试不是一种真正的面试,把它看成一场用来彼此了解的闲聊,这是一种悲催的误解……电话面试往往是HR对求职者的第一感觉,对之后能否有第二次面试起决定性的作用。但基于电话面试的条件局限性,一般只会作为初步了解求职者大体情况的工具。电话面试短则5分钟,长也不过30分钟,取决于HR对求职者的判断。

1)电话面试的目的

首先,最重要的目的是核实求职者信息。

在电话面试前,面试官了解你的信息全部来自你的简历,是真是假都是雾里看花,需要核实,需要对你的简历进行检验和补充,检验已有信息的真实性,补充提问HR所需的信息。

其次,了解求职者的性格特点及沟通表达能力等。

性格外向的求职者,往往语速和反应速度较快,回答问题积极且直接,敢于说出自己的想法;相反,性格内向的求职者,语速和反应速度慢,声音小。性格特征是否匹配职位特性,也是招聘行为的一个考量。所谓光说不练是假把式,光练不说是傻把式,沟通表达能力也是HR非常看重的。

2)电话面试必问的三个问题

HR永远不离不弃的第一个问题:请做一下自我介绍。貌似轻描淡写,实则暗藏杀机，千万别掉以轻心，HR会通过自我介绍核对简历信息，并了解你的语言概括能力和逻辑思维能力等。明哥将在3.7节详细介绍此事。

阴魂不散的第二个问题：你有什么职业规划？HR十分关心你是随意投递的简历还是非常热爱这个职业、喜欢这个行业，以及对他们公司的认可，关心你的稳定性，是否可以长期为公司服务、是否值得培养，这些都可以通过你的职业规划来判断。

有工作经验的求职者必被问到的第三个问题：你跳槽的原因是什么？你说工资低，HR觉得你逐薪而居不稳定；你说同事难相处，HR觉得你人际关系有问题；你说自己怀才不遇，HR猜测你可能是孤芳自赏；你说自己工作压力大，怎么着，你是想钱多、事少、离家近呗？

其实，明哥觉得，说对薪资不满意也没什么，但是要措辞得当、合情合理；或者，寻求更大的职业发展空间，不过这是一把双刃剑，可以用但要谨慎，别让HR觉得你总是这山望着那山高。

以上面试问题可能问法不同，但是意思和目的都是一样的，本书后续第4章典型面试问题剖析章节会对面试中经常问到的典型问题进行剖析讲解。

3）电话面试的6条秘技

（1）提前准备。

要像现场面试一样准备电话面试，了解招聘公司及职位要求，预先准备如何回答面试问题。

电话面试的目的是快速甄别不符合标准的应聘者，所以要提前准备好应对措施。比如，你能够入职的时间和薪酬预期，人家急需用人你却告诉他最快三个月后才能上岗，或者你对薪酬的期望远远高于其所能提供的。

电话面试看不到肉身，面试官会拿着你的简历进行面试，你也应该如此，准备好简历，其一防止叙述与简历有偏差，其二可以叙述得更有条理、不遗漏要点。不同于现场面试，电话面试有点像开卷考试，你可以准备好工具资料备查，甚至准备一杯水，帮助你润喉、镇静情绪。每次考完试总觉得哪里没发挥好，这种事情尽量不要在电话面试的时候重演，做好准备！

（2）保持礼貌。

上大学时，别人经常羡慕明哥打的菜肉多，问我是不是认识食堂阿姨，我说不是，只是在报完菜名后加了个"谢谢"，礼多人不怪啊。经常有人在网上请教明哥问题，不少人都是没有称呼、没有客套话，啪嗒一个问题甩过来，忒不见外了……可面试官没明哥这么豆腐心啊。

做个有礼貌的好孩子。接电话要及时，最好在三声内接起。接听电话时要用"您好"等礼貌用语，不要愣头愣脑地只说一个"喂"，印象分会打折扣，礼貌用语也是职业化的一种表现。问题没听清楚，可以有礼貌地请面试官复述一次。电话面试结束时，也不要忘记表达谢意，"感谢您的来电，谢谢您对我的认可，希望能有机会与您面谈，您有任何问题请随时联系我。"不失礼貌的同时表达进一步合作的愿望。如果对方直接约定面试，记录好时间、地点，重复一次以确认，保证准时参加。挂断电话时，等对方先挂自己再挂。

（3）主动选择通话时间和地点。

接到电话的环境可能声音嘈杂，比如你正在 KTV，有人在嘶吼《死了都要爱》；或者在公交车上，这边的大哥在大声喧哗，那边的孩子哭得哇哇叫……这种不利于沟通的环境，跟对方说明歉意，并约定时间回复，记得询问对方怎么称呼。之后选个安静的地点，保证双方都能听清楚通话，如约主动致电，并准备纸笔进行记录。

如果面试电话漏接，则直接回电对方说明情况；如有分机号，则可以选人工服务，让对方帮忙接通人力资源部门。什么都不做等对方再次拨打，如果你是职场新人，那么有的 HR 可能没那么爱你……

（4）注意语调语速。

在现场面试中，眼神接触、面部表情和身体语言都会传达有关你的兴趣和热情的信息，但是电话面试，面试官无法看到你，你的语调语速就变得非常重要。要确保你的声音听起来投入、乐观和友好。

首先，保持心态平静，紧张会导致语无伦次，别没等发挥呢，就挥发了。其次，语速适中，不要说话太快或太慢，给人留下你很紧张或者你很不果断利索的错误印象，要口齿清晰、轻松自然、不紧不慢。最好面带微笑，电话看不到表情，但是可以听到表情，你衣着整洁、正襟危坐地讲电话和你穿着睡衣、懒懒散散地讲电话，对方一定可以从声音里听出来。

（5）保持专注。

以重视、严谨的态度来对待电话面试，关键时刻要集中注意力，像放大镜的聚焦点一样，不能溜号了、走神了……正回答着面试问题呢，旁边路过一个美女或帅哥，风姿绰约、走路带风，勾走了你的灵魂和注意力……这时，你的声音会泄露出你的心不在焉，不要让自己分心，否则后果可想而知。

（6）适当反问。

电话面试快结束时，一般 HR 会问：你有什么问题要问我吗？

记住：一定要问！如果你不问，则显得你不太关心这个职位，或者可能给面试官留下临场反应能力差的印象。但别问不该问的，比如薪资福利，在双方合作的意向还没有进入实质性阶段时，不要操之过急，凡事循序渐进。可以问问什么时候出结果、职位的具体职责即工作内容是什么、将来可能的发展机会等。

2．视频面试注意事项

同为非肉身接触型面试，视频与电话差异不大，目的都是省时省力。有的职位对应聘者形象有一定的要求，比如房地产公司客户经理，要是招个明哥这造型的，多寒碜，没等开口就把客户吓跑了。

简历上的照片，个个 PS 得像个明星，根本不能当成参考依据。而且，电话面试容易作弊，"请你做下自我介绍"，求职者手里拿着早就写好的稿子念得抑扬顿挫、高潮迭起……所以会有视频面试这样的大招。

既然能看到真人，你就需要给面试官一个光辉灿烂的形象。

1）做好准备工作

在视频面试前，准备好所需的设备，如电脑、音箱、麦克风、摄像头、网络、软件等，提前做好测试。千万不要等视频开始了，一会儿麦克风没声，一会儿音箱不响，这就不是你倒霉了，是你活该。

视频中的背景要整齐洁净，最简单的方法就是找面白墙。对方若是看到你身后墙上爬满蜘蛛网，床上被子没有叠，地上一堆脏衣服……会对你产生不利的联想，一屋不扫何以扫天下，卧室搞得和被盗现场一样，工作中必然也不会追求完美、注意细节……

提前调好室内灯光。不同于电话面试，很多视频面试是在晚上进行的，别让面试官有看恐怖片的错觉，昏暗的光线，披头散发的你，脸色惨白，会不会慢慢从电脑屏幕里爬出来……面试一开始就先询问确认面试官是否能清楚地看到和听到。

手机务必调成静音或振动，以免干扰面试。面试官正听得津津有味，你的手机忽然响起了《最炫民族风》"苍茫的天涯是我的爱……"，这分分钟出戏啊，刚才的功夫白费了，面试官心里默默哼起了"绵绵的青山脚下花正开啊"……如果与人合住，则千万要提醒室友，不要乱入，这边正聊得投机，那边一抠脚大汉推门而入，后果可想而知。

2）建立美好形象

视频面试，要注意仪容仪表。

基本的原则：穿着打扮干净整洁、大方得体。女性求职者，不可浓妆艳抹，恰到好处的淡妆即可；男性求职者，也不能太过随意，胡子拉碴，头发和鸟窝一样，这显得不够尊重对方。第一眼在视频中看到你，对你有一个好印象，就是所谓的"眼缘"。

谈笑有鸿儒，往来不惊慌。面试时保持微笑，别一脸紧张严肃，和苦瓜似的，你是去面试，而不是去荆轲刺秦王，不要搞得自己这么慌张。保持微笑一方面是礼貌，另一方面也是给自己一个轻松的心理暗示。

坐姿要表现出你很放松但专注，身体可以稍稍前倾，但是不要过于靠近摄像头，一个大头贴似的脸出现在屏幕上也挺吓人的。明哥提示：不同于面对面的交流，切记要直视摄像头，而不是看着屏幕上的面试官，这样才能产生直视对方双眼的效果！

另限于摄像头分辨率及网络带宽，可能动态视频效果不太好。如果碰到这种情形，那么尽量少做肢体动作，过多过快的手势动作就成了"无影手"，会产生视频的虚化或卡顿。

千万不要与对方同时开口，永远不要打断面试官说话，这是最傻的事情，没有之一。无论他说得对错，等他把话说完，你再讲。

……

其他的准备工作，和肉身接触型面试一样，应提前了解应聘的公司和职位情况，准备好自我介绍和常见面试提问的回答，克服紧张心理，做好面试状态准备……明哥在此就不赘述了。

3.3.2 肉身轻度接触型

别用钱测试女人，也别用女人测试男人。当然，用人单位不会这样测试，他们会采用书面形式（或在电脑系统上）对求职者的基础知识、专业能力、文化素养和心理健康等综合素质进行考核和评估，这些方法包括技能测试、性格测试、人才测评等。

1. 技能测试

比较常见的有现场技能测试和笔试。

现场技能测试，如速记，现场测试一下手速；如演员，来一段情境表演。现场展示专业技能，是骡子是马拉出来遛遛。

笔试，也不乏智力测试题。来做一道二年级的智力题调节一下阅读本书的气氛：

虎妞（女）的弟弟狗剩点了一下兄弟姐妹的人数，发现自己的兄弟比姐妹多1人，那么，虎妞的兄弟比她的姐妹多几人？

这都没算出来？你赢了……

桃花潭水深千尺，不及明哥聊求职。快快扫描右侧二维码，关注后发送"虎妞"获知答案。

还有的测试你的逻辑思维能力、理解能力等，以防止老板感冒了让你去买个白加黑，你给他带回来一盒奥利奥……

但笔试更多的是职业技能的测试，所以你的专业知识要扎实并提前做好准备。

一听笔试就头疼，一做笔试就心慌，明哥给你叨咕叨咕这事。

技术类职位，笔试是较多采用的一种形式，它比面试官提问式考察效率更高。HR只需在你上门后略加寒暄就安排个小黑屋甩几张试卷对你回眸一笑"亲，做吧"，接下来，你题答得如何决定了你们是否还有后续的故事……所以初试中经常有笔试，一定要认真对待，否则真就被鄙视了。

经过这么多年应试教育的摧残折磨，相信各位看官对于答题的套路都已烂熟于心。笔试，也无外乎选择题、判断题、应用题、填空题、作文题这些耳熟能详、喜闻乐见的题型。

最受广大求职者欢迎的当然是判断题，非对即错，蒙对率高达 50%！其次是选择题，大多为四选一，蒙对率为 25%，实在不会还可以扔骰子碰运气。这两种题型皆可检测你的幸运指数。选择题还有江湖上流传已久的答题秘诀：三长一短就选短，三短一长选择长，两长两短要选 B，参差不齐 C 无敌。填空题，难度相对大一些，形如：长江后浪推前浪，前浪死在沙滩上；千山万水总是情，多给一分行不行。给出已知条件，填上合理答案，如若像明哥举例所填，估计就 game over 了。应用题，考核专业技能的运用能力，如应聘程序员，写出可以帮面试官十一长假从 12306 抢到火车票的代码。作文题，往往用来考核求职者的写作能力、求职意愿等，比如你为什么想从事演员经纪人这个有前途的职业。

所谓"不会套路，要什么武术"，看明白题型，想清楚再答，明明写了单选，你非勾了两项，人家问东你偏答西，人家指南你非闯北，怎么着，年轻人，你来这里是为了帮助面试官锻炼情商的吗？

多年的求学生涯，你应该知道笔试的套路：首先通览全卷，确定答题步骤，先易后难、先简后繁，精心审题、认真作答，全面复查、防止遗漏。明哥并不赞成作弊，曾经有人笔试时通过 QQ、微信甚至电话求助于我……傻孩子，你抬头，45 度，东南角，对，就是那个小黑圈圈，大品牌的摄像头，好几百块呢。

归根结底，功夫在平日。笔试前你可以做的是，根据职位要求，揣摩笔试重点，做好复习准备。临阵磨枪第二招，网上往往也会有个别用人单位的相关职位试题流出，可以检索，模拟试做，提前感受一下。

笔试时，保持良好的心理状态，适度紧张会让你更加专注，过度紧张只会让你大脑一片空白。问题不会很正常，不要慌张，不会的题目别胡编乱造，这不是中学写作文，写的不怎样全靠字数多，洋洋洒洒一大篇，老师一看，哎呀，这孩子，可怜啊，给点同情分……面试官看你一通瞎写，只会做出一个判断：你一准是个爱找借口不负责任的家伙。

有时，你可能遇到笔试题出错，当然不排除确有少数情况是出题人员不够专业和细心，但是也有很多用人单位故意为之。试卷中题干出错，或者同一试卷有重复题目等，其实是用来考察求职者答题的仔细程度及应对之法的，甚至可能所有选择题的正确答案全是 A，故意营造出来"学霸不敢写，学渣不敢抄"的氛围，"阴险"之处细思极恐，全是套路啊！

2．性格测试

性格测试，用于考查求职者与应聘职位的匹配程度，一般题目无明显指向性。求职者功课需要做在平时，日常生活中多注意自己的行为，多了解自己的不足，扬长避短，改正缺点，进而逐渐培养成稳固人格的一部分。

据说心理学上把人类分成四种：攻击型、防御型、辩解型和担当型。比如，有人说你丑。攻击型会说，你才丑，你全家都丑；防御型会说，胡说，我才不丑；辩解型会说，我哪里丑了，好多人说我好看呢；而担当型会说，哎呀妈呀，好准啊，不过我就是丑、就是丑，你能咋地？

很多求职者对性格测试并不买账，觉得测试问卷冗长、题目杂乱，少则两页，多则四五页，每次填写耗时耗力。或者测试意图可以一眼看穿，只要投其所好即可，对测试的准确性和必要性产生怀疑。

性格测试只是一个参照标准，可以帮助 HR 多方面地了解一个应聘者，测试的结果受到许多主客观因素的影响，不一定精准，但也会具有一定的代表性。所以 HR 往往会结合求职简历、笔试成绩、面试情况等多方面综合考察。

以下是菲尔博士一个很著名的测试，要求按你现在的状态作答，比较简单，只有 10 个问题，明哥觉得比较准确，不妨试试看。

1. 你何时感觉最好？

（a）早晨

（b）下午及傍晚

（c）夜里

2. 你走路时是？

（a）大步地快走

（b）小步地快走

（c）不快，仰着头

（d）不快，低着头

（e）很慢

3. 和人说话时，你……

（a）手臂交叠地站着

（b）双手紧握着

（c）一只手或两只手放在臀部

（d）碰着或推着与你说话的人

（e）玩着你的耳朵、摸着你的下巴，或用手整理头发

4. 坐着休息时，你的……

（a）两膝盖并拢

（b）两腿交叉

（c）两腿伸直

（d）一腿蜷在身下

5. 碰到你感到发笑的事时，你的反应是……

（a）一个欣赏的大笑

（b）笑着，但不大声

（c）轻声地、咯咯地笑

（d）羞怯地微笑

6. 当你去一个派对或社交场合时，你……

（a）很大声地入场以引起注意

（b）安静地入场，找你认识的人

（c）非常安静地入场，尽量保持不被注意

7. 当你非常专心工作时，有人打断你，你会……

（a）欢迎他

（b）感到非常恼怒

（c）以上两个极端之间

8. 下列颜色中，你最喜欢哪一种？

（a）红或橘色

（b）黑色

（c）黄或浅蓝色

（d）绿色

（e）深蓝或紫色

（f）白色

（g）棕或灰色

9. 临入睡的前几分钟，你在床上的姿势是……

（a）仰躺，伸直

（b）俯躺，伸直

（c）侧躺，微蜷

（d）头睡在一手臂上

（e）被盖过头

10. 你经常梦到你在……

（a）落下

（b）打架或挣扎

（c）找东西或人

（d）飞或漂浮

（e）你平常不做梦

（f）你的梦都是愉快的

现在参照选项对应分数值，将所有分数相加：

1.（a）2　（b）4　（c）6
2.（a）6　（b）4　（c）7　（d）2　（e）1
3.（a）4　（b）2　（c）5　（d）7　（e）6
4.（a）4　（b）6　（c）2　（d）1
5.（a）6　（b）4　（c）3　（d）5
6.（a）6　（b）4　（c）2
7.（a）6　（b）2　（c）4
8.（a）6　（b）7　（c）5　（d）4　（e）3　（f）2　（g）1
9.（a）7　（b）6　（c）4　（d）2　（e）1
10.（a）4　（b）2　（c）3　（d）5　（e）6　（f）1

算出分值后，在"明哥聊求职"微信号中发送"菲尔"，即可看到分析结果。

3. 人才测评

人才测评是指运用先进的科学方法，对求职者的知识水平、工作技能、工作倾向、个性特征和发展潜力实施测量和评鉴的人力资源管理活动。人才测评主要是针对个体心理现象的测量，包括能力、兴趣、性格、气质及价值观等，公司一般用在招聘、选拔、培养与晋升等环节，既可以全面测试评价一个人，也可以针对人的某个单项能力进行测评。主要测评三个方面：一是个人能力，包括知识面、智力、管理能力、专业技能等；二是个性品质，如情绪控制能力、责任心、积极主动性等；三是职业兴趣与职业适应性，即个人适合做何种工作。

其实绝大多数初入职场的求职者，碰到人才测评这个大杀器的可能性并不大。毕竟人才测评方法操作步骤复杂，人才测评工具或者第三方测评机构的服务又不便宜，公司为节省招聘的人力成本和时间成本，大多用于重要职位或中高层职位。

而面对人才测评，求职者既来之则安之即可，真的假不了，假的也真不了，泰然处之、从容应对就好。

3.3.3 肉身重度接触型

现场面试，形式多种多样，可能是你与面试官一对一的单挑，也可能是多个面试官围着你的群殴，或者一两个面试官对一群求职者的乱战……明哥举例介绍常见的几种，其实万变不离其宗，大家会意就好。

1. 个人面试

面试现场，一个人面对一个或者多个面试官的提问，这是最为常见的面试形式。

以问答为主，面试官提出问题，应聘者根据提问作答，以展示自己的专业能力与综合素质。在这种面试条件下，面试官处于主动提问的位置，根据应聘者对问题的回答以及应聘者的仪表仪态、肢体语言、在面试过程中的情绪反应等对应聘者的综合素质状况做出评价。应聘者一般是被动应答的姿态，不断地被面试官观察、询问、剖析、评价。

这种形式可以让面试官与应聘者有较深入的交流，多用于小规模招聘。

注意的问题：第一，克服紧张。一旦紧张就有可能影响你的面试表现，怀才就像怀孕，看不出来就是没有！有的求职者一去面试，整得自己好像革命烈士要去英勇就义似的，面试弄得和审讯过堂一样，辣椒水、老虎凳、美人计……美人计这个不大可能，想多了。往那一坐，紧张得腿发抖，十之八九就凶多吉少了。放轻松，面试是双向选择。做好准备，克服紧张，包括语言表达能力的锻炼、常见面试问题的准备、对应聘公司的提前了解等。

面试之前"宜未雨而绸缪，毋临渴而掘井"，面试之时"千磨万击还坚劲，任尔东西南北风"，面试之后"看成败人生豪迈，只不过是从头再来"。

第二，认真听清楚面试官的提问，有针对性、直接简要地予以回答。切忌绕弯子、抓不住重点、答非所问，或听不懂提问的潜台词，回答过于肤浅。人家问你贵姓，你回答姓王，拜托，人家是要知道你的全名好不好；别打断面试官说话，没有人被别人打断说话会很愉快，等他讲完了你再说。对面试官的问题要仔细揣测琢磨，紧紧围绕应聘职位必备的技能、你的求职优势，展示个人综合实力。

国内某著名相亲节目，24个女人每场 VS 一个男人，一个一个地 PK 啊，这个没相中？OK，下一个，多吓人啊。当然了，如果权利反转，那么男性求职者就翻身农奴把歌唱了，一下子找到了皇帝选妃的感觉，可以去翻牌子了。

一对多的面试，额外需要注意的是：

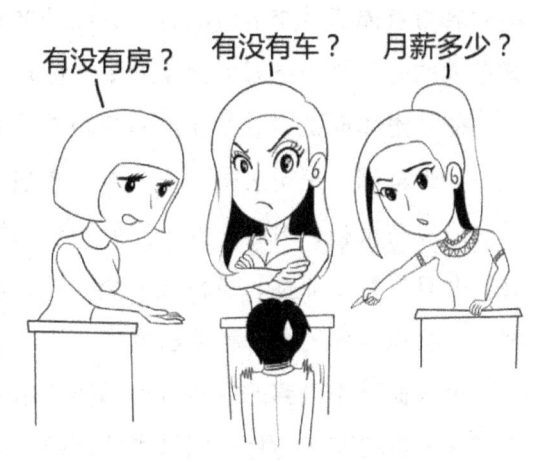

第一，分辨主面试官，所谓擒贼先擒王。一般而言，话比较少，只问你核心问题的，是主面试官。另外，观察面试官之间的互动，也可以看出端倪。

第二，重视每个面试官。有人提问时，你的眼光一定是只在他身上。虽然有主有副，但是每个面试官都有话语权，要让他感觉到"我，为你而来"。

第三，发掘可能的"同志"。找到你的认同者，找到与你相似的面试官，先从他的身上突破。都是人类，总有相似的地方，我们是老乡啊，我们毕业于同一所大学啊，我们都是学挖掘机专业的啊，我们为了同样的原因来到这个城市啊……几乎所有人都能找到共同点，由此着手，尽量博得其好感。明哥面试第一份工作成功，部分原因就是明哥机智地找到了面试官和我"都是东北老乡"这个突破点。

2. 集体面试

集体面试，一般是应聘同一职位的人数较多，企业在初试环节就会采用集体面试的形式，以提高筛选的效率。面试的双方，一方是一个或多个面试官，另一方是多个应聘者，双方通过提问对话的方式，进行对应聘者自身能力及交流应变各个方面的考察。对于面试官来说，这种形式最大的好处是当场即可比较出多个意向者的优劣。

能从集体面试中脱颖而出的应聘者，通常是能给人留下深刻印象的人，个性鲜明、逻辑清晰、专业素养较强。所以，建议应聘者在集体面试中应保持沉稳，对有把握的问题积极回答，闷不吭声的人不会得到机会，并且要有专业性、逻辑性、全面性，切忌人云亦云，重复他人的答案，这会掩盖你的才华和求职优势。

个人面试中讲到的注意事项同样适用于集体面试，除此之外，因为现场有一群应聘者与你一同做集体面试，之前准备的自我介绍可能就不适用了，多花点心思，想几句与众不同的开场白和自我介绍，一堆萝卜里面的一根萝卜，没有人会留下印象；但是一堆萝卜里面有一根香蕉，就与众不同了。另外，切记，避免排斥和打击其他应聘者，贬低别人永远抬高不了自己，说别人不好不能证明自己好，只能显得自己很没有素养。

1）小组面试

比较科学的说法是"无领导小组讨论"，是一种形式更加灵活的集体面试。安排一组应聘者围绕一个问题产生讨论，并形成最终结果汇报给面试官。面试官通过小组讨论过程中对应聘者的观察，判断其各方面的能力进行筛选。

这种小组面试的方式现在被越来越多的公司所采用。小组面试的好处，除了多人同时面试节约时间，重要的是可以让应聘者在相对放松的环境中较为自如地发挥，全面看出应聘者的性格特征、人际沟通能力、团队合作意识，包括语言表达能力、逻辑思维能力和在团队中适合扮演的角色等综合素质。

所以，首先不要在集体面试中做个沉默的吃瓜群众，其他竞争者都像打了鸡血一样，你像个看客似的，怎么着，给你再整点啤酒饮料矿泉水、花生瓜子八宝粥呗？你是来面试的，不是来看戏的。

小组面试的步骤一般是：

（1）接受问题，成员各自分别准备发言提纲。

（2）小组成员轮流发言，阐述自己的观点。

（3）成员交叉讨论，渐渐得出最佳方案。

（4）总结方案并汇报讨论结果。

比如，明哥招聘助理，好多个求职者应聘，明哥就把初步筛选后的应聘者组织到一起，开始进行小组面试。作为面试官，我先抛出问题：如何把《明哥聊求职》卖成最畅销的职场求职参考书？然后进行分组，组内成员各自思考整理建议、轮流阐述观点、讨论、汇总结果。在这期间明哥就一直默默观察，谁发言多啊，谁的见解新颖啊，谁敢于发表不同意见啊，谁坚持自己观点啊，谁擅长说服别人啊，谁能把众人的意见引向一致啊，谁乐于倾听别人意见啊，谁语言表达能力好啊，谁分析能力强啊，谁概括和归纳总结能力棒啊……

面试官考核的依据主要有：发言次数的多少；是否善于提出新的见解和方案；敢于发表不同的意见，支持或肯定别人的意见，坚持自己的正确意见；是否善于消除紧张气氛，说服别人，调解争议，创造一个使不大开口的人也想发言的气氛，把众人的意见引向一致；看能否倾听别人意见，是否尊重别人，是否侵犯他人发言权；还要看语言表达能力如何，分析能力、概括和归纳总结不同意见的能力，发言的主动性、反应的灵敏性……

2）情景模拟面试

情景模拟面试，是面试官事先设置一个工作中常见的问题情景，应聘者通过角色扮演模拟问题解决的全过程，由此考查应聘者的逻辑思维能力、冲突解决能力、人际沟通能力等综合能力。

情景模拟测试的方法有很多，主要包括文件筐测验、角色扮演、管理游戏等，有人也把小组面试归类为情景模拟面试。

文件筐测验，是针对职位的事务处理。比如，假设你是兄弟连的班主任老师，今天有学员和你投诉讲师授课问题，说明哥长得太帅了，分散了她们的注意力，没法专心听课，你如何解决？你就要模拟真实的工作情况进行处理，调研情况是否属实、怎么与讲师沟通、怎么给学员回应……

角色扮演，就是 Cosplay。比如，明哥去练拳击，教练说："把这个沙袋当成你老婆，狠狠……咦，人呢？"明哥已然跪了……这个角色扮演太吓人了……假如你是明哥的经纪人，如何把明哥包装营销到和刘德华一样红？你就得马上变身进入这个角色，逐步阐述解决方案：调研需求、信息汇总、意见讨论、可执行性分析、营销方案……

呵呵，条件反射了...

管理游戏，比如，要求三个应聘者一组，假设你们在兄弟连工作，分别指定角色为讲师、辅导老师、班主任，分析配合中容易出现的问题及可以想到的解决方法。

情景模拟的问题场景通常是工作中极易出现的棘手问题，对应聘者实际的工作能力预测性较高，所以，应聘者首先要明确在情景中的最终工作目标，按照主次，逐层解决要达到最终目标所面临的诸多问题。

面试大多是以上几种方式的综合，比如，初试是小组面试，复试是个人面试。

其他，如结构化面试，其实是一种方法，根据对职位的分析，确定面试的测评要素，在每一个测评的维度上预先编制好面试题目并制定相应的评分标准，是一种标准化、规范和严谨的面试方法。面试场所也不一定都是在用人单位，一些高级的职位，为了营造轻松的交谈氛围，面试场所会安排在茶馆或咖啡厅，这里就不一一介绍了。

总之，不管面试采用何种方式或形式，目的只有一个，就是看到你的能力。你的能力要如何展现给别人，这是你在面试中要时时刻刻牢记的问题。

3.3.4 验明正身型

当求职者过五关斩六将通过层层面试之后，可能还会有一个难题出现，那就是背景调查或家访。

公司面试后，家访其实并不多见，在职位上，往往是一些如采购、出纳等比较敏感的职位，大多是世界 500 强或者国企等用人比较谨慎的单位或组织。家访的目的在于通过亲朋好友了解你的人品和德行，当然也捎带手地知道了你的"老窝"，跑得了和尚跑不了庙。几乎所有的求职者都很讨厌这种类似上学时的家访形式，但是如若不同意，则便宣告你放弃了这个职位……

相对而言，背景调查更为常见一些。一般中小型公司常见的背景调查就是教育背景、任职经历、证明文件真伪、专业资格认证等。像应聘者学历和工作经历的造假是不难查出来的。甚至一些世界 500 强的公司会聘用第三方调查公司，除了以上背景调查，还会了解应聘者的犯罪记录、信用记录等。一旦发现状况，当然都会做出拒绝录用的决定。

值得一提的是对工作经历的核查，对于高级职位的人员，有的甚至核查过去多家公司的从业经历是否真实。而最常见的当然是核查离职证明，以及做背景调查，了解你在上一家公司的工作表现。所以明哥常说，永远不要在职场混日子，你混的都不仅仅是日子。稍微聪明一点的 HR 就不会只给你留的证明人打电话。

虽说要懂得保障自己的权益，背景调查需获得被调查人的授权，但还是那句话，如果你拒绝签署背景调查的授权信，不就意味着你心里有鬼吗？

所以，乐观积极地面对背景调查，不要对背景调查有恐惧感和抵触情绪，这只是一个验证过程。招聘公司愿意支付成本做背景调查，也说明重视员工，更应该庆幸对方非常正规。不必过分担心上家公司会不会不点赞、给差评这种事，很多客观原因如老东家不想放人、新老两家存在竞争关系等，都会造成这种情况，HR 也会了解客观状况做出考虑和权衡。总之，坦然面对。

最后，给女性读者一段忠告——

"选择一个男人：看他的眼神，看他的酒品，看他花钱的目的，看他对前女友的评价，看他约你的执着，看他的朋友，看他对服务员的声调，看他接爸妈电话的语气，看他对自己的要求，看他对单身的定义，看他的时间观念，看他对未来的规划，最后的最后，再听他所说的话。"

远看近看，前看后看，紧看慢看，左看右看，上看下看，横看竖看，费劲心力，都是要找那个对的人。而你，不管别人怎么看，关键是先做到是那个对的人，找对象如此，找工作也如此。

3.4 面试的容貌服饰

古时候,男子上门提亲,如果貌似潘安,姑娘心花怒放小鹿乱撞,则会一脸娇羞地说:"终身大事全凭父母做主。"可若长得比较安全,姑娘看着比较揪心,就会说:"女儿还想孝敬父母两年。"英雄救了美女,美女定睛一看,帅哥一枚,马上会说:"英雄救命之恩,小女子无以为报,唯有以身相许。"反之则会满脸诚恳地讲:"英雄救命之恩,小女子无以为报,唯有来世做牛做马,报此大恩。"

自古以来,就是一个看脸的世界。倘若潘金莲长得像如花一样,今天武大烧饼也许都是百年老店非物质文化遗产了,西门庆可能会是万有引力的发现者……

时至今日,男人长得帅又有钱,叫男神;长得不帅但有钱,叫备胎;长得帅但没钱,叫蓝颜;长得不帅又没钱,呵呵,对不起,你是一个好人……

多年前,明哥面试过一个小伙子,穿着肥肥大大的文化衫、花花绿绿的大短裤,那感觉就像要去沙滩漫步似的,还光着脚丫踩着人字拖,一走路啪嗒啪嗒响,就这造型往面试官对面一坐,估计就先输一半了,"你小子对我们公司不重视啊"。

明哥一个大学同学,长得比较老成,当年他去面试,头发梳得光亮,穿上一身帅气西装。面试他的是公司副总,该同学侃侃而谈后,副总说了一句让他终生难忘的话:"比起前几个来应聘的大学生,你更像来收购我们公司的……"

求职,长得盘顺条亮的,穿得溜光水滑的,会不会更有优势?

会!一定会!

长得漂亮的人,即使犯了错,别人也很容易原谅;长得丑的人,光长相别人就不能原谅了,你还敢犯错!!那是不是长成明哥这样就完蛋了？也不是……

关于求职的造型准备，明哥分享以下三点：

（1）致命的第一印象。

（2）修饰容貌。

（3）服饰要求。

3.4.1 致命的第一印象

"一个人的初步影响力几乎永远是视觉上的。在我们真正了解一个人之前，我们在第一眼看到他时，便形成了对他的看法。如果他的样子顺眼，我们就会在他身上寻找其他好的特质；如果他的样子不讨人喜欢，我们就会倾向于探索他不良的特质，以便支持我们的第一次判断。一个人给人的第一印象是难以泯灭的。"

——蓝斯登

人是视觉动物，说白了，就是以貌取人，虽然不高尚，但这是社会现实。

就好比，如果穷小子冒充有钱人和一个女人谈恋爱，被发现后，90%的女人都选择了坚决和他断绝关系，并声称人品最重要；但如果富家子弟假装成穷人来和一个女人谈恋爱，被发现后，90%的女人选择继续交往，因为她们爱的是他的人，又不是他的钱……

真相总是这么残酷。

假如明哥去一所大学讲座，头发乱七八糟，胡子也忘刮了，衣服领子上好几个饭粒，一张嘴，牙上还挂了根菜叶……这还用讲吗？这还能讲吗？估计直接被同学们轰下台了……

第一印象基本都是视觉上的。我们为此还发明了一个词：颜值。

长得帅的偷东西，那也是神偷；明哥去偷，就是个死小偷。长得帅的打架，那也是硬汉；明哥去打架，就是耍流氓。长得好看的才叫吃货，长得不好看的那叫饭桶。

不可否认，小伙子长得精神点，小姑娘长得漂亮点，人生的机会就会多一点。如果一不小心长成明哥这样，恐怕运气就会差一点。还好明哥早就意识到这一点，不能靠脸吃饭，咱比别人多努力一点呗，多大点事，主要看气质！腹有诗书气自华，人丑就要多读书，人只有长得丑，才能专心搞事业；长得帅的，光忙着搞对象了。

而且，明哥虽然长得比较谦虚，但这也是一种优势。在兄弟连，男学员都喜欢和我合影，回头丧失信心的时候，掏出手机一看照片，"这是明哥，这是我"，立马就有优越感；女学员一看到明哥，"哎呀，我男朋友比明哥帅多了啊"，立马就有满足感……有的学员跟我说，"明哥，你长得就特别励志"，坏人！算了……就让明哥来普度众生吧。

面试官希望什么样的人坐在对面？

头发蓬乱，胡子拉碴，穿着邋遢，坐没坐相，抱着肩膀、跷着二郎腿抖啊抖啊的……

面试官可能会想，有和这人差不多的，我一定不用他，因为：看着不爽。

但如果穿着得体、干净整洁、彬彬有礼、正襟危坐，就算能力稍微弱点，面试官也会倾向于多了解他一下再做决定，给他机会，因为：看着顺眼。

记住，只要有人参与的事情，就有主观的因素在！第一印象至关重要！

别人一看你的样子，就会对你有一个判断，联想你是一个什么样的人，或好或坏，然后在你身上寻找相应的特质。可怕的真相是，即便判断错了，也没有人喜欢否定自己。

老电影常有这样的桥段，女孩子问男朋友："你还记得我们第一次见面的情景吗？"傻小子就说了："难以忘记初次见你，一双迷人的眼睛，在我脑海里你的身影挥散不去……"

面试时要注意自己的形象，会给面试官留下很重要的先入为主的第一印象。

还有人和明哥讲，"路遥知马力，日久见人心""酒香不怕巷子深"，言外之意：我有本事，不必在意求职时形象上这点小事。亲啊，初试可能就二三十分钟，皇帝的女儿保不齐都嫁不出去，你还路遥知马力呢……

> **明哥忠告**：我们永远没法要求别人不以貌取人，但是我们可以要求自己不以貌取人。一个人外表英俊或美丽自然是一件好事，让别人第一眼对你有个好印象。但最终人们是不是喜欢你、会不会尊重你，不是用外表来判断的，而是你的气质、风度、思想、学识和智慧。

所以曾经有人问我："明哥，你为什么不去治疗一下近视？"

我和他讲："我近视，我骄傲，看男帅气看女俏。"

一个人的外表包括容貌和服饰。容貌，准确地说，不是漂不漂亮，而是干净整洁；服饰，重要的不是名牌，而是大方得体。

3.4.2 修饰容貌

修饰容貌，明哥讲头发、眼睛、嘴巴三个方面的细节需要注意的事项，以点带面、抛砖引玉地举例说明，并额外强调一下女性求职者化妆所要注意的问题。

明哥聊求职

1. 头发

对于男性的头发，商务礼仪有这样一句话：前不抵眉，侧不掩耳，后不及领。

也就是说，前面的头发不要挡住眉毛，侧面的头发不要盖住耳朵，后面的头发不要碰到衣服领子。明哥的发型就符合这个要求，像刚放出来没多久一样，有一次坐公交车，自从我上车后，司机一直播放录音"请注意保管好自己的随身物品"……每次坐火车被抽查身份证的概率也是居高不下啊……

可能看到这里的男性读者都在用手摸着脑袋比划自己的头发合不合规。其实，明哥倒是觉得，年轻人可以有点个性，没必要都弄成我这个德行，若不是对此要求特别高的职业，只要别太离谱即可，HR 也不是老古董。

什么是"别太离谱"呢？明哥是这样认为的——

男性的头发，最短不能为零。

明哥的第一份工作，十一长假回家，心血来潮剃了个光头，假期结束回公司上班后，部门老大盯着我看了好几秒钟，说了句话，"李明，你长假的时候进去了？"那一刻，我知道，我犯了个特别傻的错误……

最长，不要长得离谱。

明哥曾经有个同事，小伙子技术过硬人还帅（你说这找谁说理去），长发及腰，平时拿个皮筋一系。问题是他是男的啊，我们总裁特在意仪容仪表，有一天实在绷不住了，和他讲："×××，把头发剪剪呗？"我这同事很有性格："老大，那我只能辞职了。"我们总裁赶紧说："别，别，这样，也挺好……"

这哥们能力太彪悍了，他走了找不到人顶替他，老板只能忍了。当年明哥公司一名技术总监，留个八字胡，看着和日本鬼子似的，老板也忍了。但你一个刚入行的新人，你玩个山羊胡子，你的经理说"你给我剪了"，你说"我不剪"，估计多半是你卷铺盖卷走人了。

年轻时，也许会通过另类的打扮彰显自己的个性，但是要适度。你一小伙子长得比较丰满非留个长发，披着吧，像高晓松；扎起来吧，像刘欢；剃光了吧，别人都说你像郭德纲，那就别玩这个性了……

对于女性的头发，基本没什么要求，唯一需要注意的是，如果头发很长，则最好不要披头散发地去面试。

职场，庄重保守，长发飘飘会传递太多异性信息。明哥上大学时，一个年轻的女老师，经常上课时披肩长发也不束起来或盘起来，一低头看教案，头发垂下来了，用手一撩一甩，像洗发水广告似的，男同学都被甩得没心思听课了……

再者，最好不要染发。时至今日，明哥大学时心血来潮染了一撮黄色被党支部书记各种谈心的经历还记忆犹新。现在染发比较普遍，别太夸张基本都能接受，但不要弄得五颜六色的，好像二次元非主流似的，这不成。

面试的形象准备，从头做起。

2. 眼睛

多年前，明哥和同事熬夜加班赶一个客户的项目，折腾到凌晨三四点才搞定，第二天客户来验收，哥几个趴在桌子上歇会儿。第二天早上 8 点多，我挨个叫他们起来，有个家伙一抬头，吓我一跳，满眼血丝，还有些不明分泌物，赶紧让他去洗手间收拾一下。人熬夜后脾气不一定太好，客户万一来了，"这不好""那不好"，这兄弟一瞪眼，"你说什么"，客户吓跑了……哥几个一晚上就白忙了……

第二天要面试，头天晚上通宵打游戏，眼睛和熊猫似的，无精打采，直打哈欠，这是典型的不作死就不会死。

眼睛是心灵的窗户，面试官应该从你的眼睛里看到的是真诚，而不是眼屎。

明哥有个兄弟，十多年前去一家公司面试，约好了 10 点，结果左等右等，面试官 10:20 才来，一看造型就是做技术的，头发乱糟糟，黑眼圈，胡子也没刮，一脸的疲惫，穿着大短裤和凉拖鞋，进门就说："抱歉啊，昨晚服务器挂了，弄一晚上。"我这兄弟一看，我的天啊，这是人干的活吗，结果面试时马马虎虎应付了一下，当然也就没应聘上。这么多年过去了，这哥们肠子都悔青了，当年那家公司，叫百度。

所以，请记住，我们不能要求别人不以貌取人，但是我们可以要求自己不以貌取人！

3. 嘴巴

佛教中的"荤腥"，所谓"腥"当然指肉食，各种动物的肉或蛋；而"荤"是指有恶臭和异味的蔬菜，如蒜、葱、韭菜等，佛教要求禁食，因"荤菜生食生嗔，熟食助淫"。

我们在面试前不吃"荤"，是要注意口腔异味，否则落座后一张嘴，面试官厥过去了……就算碰上个坚强的，也恨不得赶紧结束和你的谈话。

明哥大学宿舍的老大是个人才，擅长因势利导。

当年网速很慢且贵得吓人，用一些较大的软件，都是去买盗版光盘。当年盗版光盘"繁荣昌盛"，每个摊位都摆了好多盒子，装满了光盘，自己随便挑，挑完和摊主讲讲价。

明哥这种低段位的，都是和摊主各种磨叽，"老板，我买这么多便宜点呗""老板，我上次就在你家买的""老板，我下次还来你家买啊""老板，你看我们都是穷学生"……总之，就是砍价的一般套路，费了九牛二虎之力，砍下来两三块钱。

我们老大买盘前，去学校旁边饺子馆，"老板，来碗饺子"，饺子上来了，"老板，来头蒜"，边吃饺子边吃蒜，吃完，走着。去了也不吱声，挑了几张光盘，往摊主跟前一凑，"老板，便宜点呗"，老板差点没熏晕了……这是什么人……"好，好，便宜两块钱"，我们老大一看，不给力啊，又凑近点，"老板，再便宜点呗"，老板都快哭了，"五块，你快走吧"……

他被我们惊为天人。

面试前，嚼个木糖醇啥的，是个好习惯，避免"出口伤人"。

4. 化妆

现在有的女士，化妆化得忒狠了，那不是化妆，是乔装啊，化完了根本认不出来。眼影扮演功夫熊猫都不用过渡的，嘴红得像刚吃完人似的，指甲黑紫黑紫得好像受了内伤……

其实，女人那些五彩缤纷的好看的指甲油颜色，在男人眼中只会被简单粗暴地分成四类：刚杀了人、刚掏了粪、中毒太深，以及"得了灰指甲，一个传染俩"。

所以找女朋友，要找一个不爱化妆的，偶尔画一次，弄得你小心脏扑通扑通乱跳。要是找一个成天化妆的，偶尔有一次不画，容易猝死啊！当然了，如果往好处想，会有好似同时谈了两个女朋友的感觉……

> **明哥忠告**：男同胞们和女孩子约会，最好的地点是游泳馆。她从泳池里出来后，你可能就会发现，原来古代的易容术是真的……什么妆都会原形毕露了。而且，她不会游泳你还可以教她，学会了你就不用担心她以后问你"我和你妈同时掉水里了你先救谁"这么无聊的问题。

淡妆，妆成有却无。

如果有一天你化了妆，别人看到你说"××，你化了妆真好看"，这不是什么好话，言外之意是，你没化妆之前不怎么样！

咔咔喷了半瓶香水，面试官一走进你，好家伙，呛鼻子，辣眼睛，整个一生化武器啊。

首饰，以少为佳，别远看像棵圣诞树，近看像个杂货铺似的，打扮得和大礼包一样，不能证明你的个性，只能展示你的幼稚，成熟从来都是谦虚隐藏，而不是外露张扬。

另外，化妆要避人，别在等待面试官的时候，掏出化妆盒当众表演补妆。

讲个题外话。看此书的年轻小伙子们，如果一个女孩给你看她素颜的样子，告诉你她有多重，让你知道她生气时爆粗口和痛哭流涕的一面……统统这些不让外人知道的个人信息都让你知道了，那么她其实是想告诉你，我都让你知道这么多了，你还不快跟我表白，反正我是赖上你了，你跑不掉的……

总之，职场，讲究庄重保守、修饰容貌，关键是干净整洁。

3.4.3 服饰要求

是不是面试的时候都需要穿上一身帅气西装，扮成大人模样？

明哥倒是觉得，要看所应聘的职位，如果是去搬砖头，那么还是穿得随性一点好。

明哥年轻时穿着不讲究，经常参加一些会议或活动都衣着随意，一次和我们总是衣着光鲜的市场总监出差回来，他语重心长地跟我说："李明啊，咱必要的时候得穿得正式点。""没必要吧，我一个做技术的。"他严肃地讲了一句话，我至今还记得，"你不是穿给别人看的，是给自己的一种感觉，看起来就要像个成功者！"

明哥结婚时买了一套较贵的西装，结婚当天变身了一次，一直闲置。那天听这哥们说完，后来参加一次客户会议，就穿上了，感觉果然不一样，那真是"天晴了，雨停了，一下子觉得自己又行了"，穿上装备精神焕发，这腰杆得挺直点，呀，鞋上有点土，赶紧擦擦。要是穿牛仔裤鞋上有点土？没事，我就这 style……

我终于明白了，为什么商场一层卖化妆品的小姑娘都要打扮得花枝招展，为什么卖保险的、卖房子的都要穿得西装革履，那首先是给自己的一种感觉，职业化、专业化，"我，是正规军；我，就是专家"，其次才是给别人看的。

明哥聊求职

如果你应聘的职位对形象有要求,那么最好穿着正式一点。

去应聘空姐,穿得像个嘻哈歌手似的;去应聘客户经理,穿得像个夜店小王子一样,哪个面试官也不敢聘用你。但如果去应聘程序员,互联网公司文化大多随性一点,穿个文化衫、牛仔裤、运动鞋,那没问题,毕竟西装革履地敲代码,一伸胳膊特拘谨,这不是吃饱了撑的吗?

明哥曾经任职一家 IT 公司,部门有一群小伙子,穿着非常随意。文化衫五花八门的,有个哥们穿了一件文化衫,上面写着"哥不寂寞,但是哥也得有工作",老板看了鼻子都被气歪了。穿着牛仔裤或牛仔短裤,有的还破了几个洞,甚至有人穿着拖鞋就来上班了……

平时 Boss 也不怎么管，后来我们部门负责的产品发新版，公司搞了个发布会，请了好多媒体，还请了中科院的院士，事儿整得挺大的，Boss 训话，所有开发者出席时必须穿黑色正装。当时我们就懵了，哪有这高档装备啊……

Boss 大眼睛、双眼皮、讲究人，敞亮啊，每人 500 元，去购物，多了不用退，少了自己补。结果，发布会当天，都是黑西装、暗红色领带、白衬衫、黑袜子、黑皮鞋，20 多人往台上一站，嘿，跟黑社会似的……不过后期媒体报道照片出来，看着是挺像那么回事的。如果 20 多人都穿成平时的造型，那画风……估计台下都得琢磨，这是哪儿来的游击队啊，这产品能用吗？

输球不输姿势！正式的场合还是要穿得庄重一点。

这本书是讲求职，而不是讲商务礼仪，所以明哥就不长篇大论了，简明扼要地提四点着装的注意事项：符合身份、扬长避短、区分场合、遵守惯例。

1. 符合身份

老生常谈，职场，庄重保守，尤其女性要特别注意。

不要过分鲜艳，遵守三色原则，即衣服的主色调只有三种，越少越好，别弄得和花大姐似的，招蜂引蝶，一走路孔雀开屏的即视感。

不要过分杂乱，西装里面有毛衣，毛衣里面有衬衣，衬衣里面有秋衣，秋衣里面还有背心，你是套娃啊……还有的，衬衫放进秋裤里面，秋裤露出外裤一大截。顺序很重要！俗话说"最大的安全感是秋衣塞在秋裤里，秋裤塞到袜子里"。

不要过分暴露，超短裙、露脐装、吊带抹胸之类的不要穿，短小露肉的，紧身显形的，面试的时候别穿，如果 HR 是个女性，你这造型的下场恐怕会很惨淡。

不要过分透视，大家都是成年人，你懂的，不要主动给别人提供学习、思考的机会。

明哥曾经买了件新衣服，对于明哥这种买块手表都得跑办公室人多的时候"今儿真热，把表摘下凉快凉快"的人来说，必须得显摆一下啊。挨个办公室转悠，一同事就说了："明哥，你这衣服真好看，要是你再年轻五六岁穿，就更合适了。"乍一听，心里美啊，后来一琢磨，不对劲啊，什么叫再年轻五六岁，这是说我老黄瓜刷绿漆——装嫩啊。这说明我买的衣服不适合我这个年纪。合适也很重要，别觉得灰姑娘的故事有多美好，鞋若真合脚，当初就不会掉。

在买衣服方面，女性基本都是天生的专家，男性读者要稍加留心，提升一下穿衣品位，虽然这事挺难的……多年前，明哥有一次在上班路上，一个年纪和我相仿的姑娘走过来说："你好，我想问一下你这件羽绒服在哪里买的？"我努力克制自己喜悦的情绪，说"在网上"。"你能告诉我网址吗？我想给我爸买一件"……

很多中国男人不是不爱打扮，只是审美有点跑偏，外加莫名其妙的自信。小时候，同样是试衣服，我妈会问我"好看吗"，我说"不好看"，我妈会回去换换，直到我说好看为止；我爸则问我"我这身好看吗"，我说"不好看"，他说"你懂啥"，然后就出门了……

上大学时，偶尔听到女生议论"那个男生好帅，而且身上有一种天然的香气"，明哥好想告诉她们真相：那不是什么天然的香气，就是洗衣粉的味道，而且这么久都散不去，往往是因为浸泡时间超过24小时而且没洗干净导致的……

2. 扬长避短

如果你小腿粗，就尽量别穿短裙；如果你有点胖，则可以穿深色衣服。这，就是扬长避短。

比如明哥，脖子有点粗，我就从来不带什么护身符、项链、佛珠，你戴到哪儿人家就看到哪儿，本来还没发现你脖子粗，你非弄一大金链子挂上，可能还是一进游泳池就会浮起来的那种，"呦，明哥还带个金链子呢，和黑社会老大似的""呦，明哥这脖子真粗"，不要自揭其短！

人有胖瘦高矮，形体各有短长，利用服装来掩盖缺点、突出优点，进而美化形体，巧妙地穿着打扮而扬其所长、避其所短，这是一门深奥的学问，明哥愚钝，在这方面无法深入讲解，点到为止。就好像明哥无法理解女人跑步跑不过我们，但是逛街每每先累趴下的都是男人一样，在这方面，女人有天赋。

3. 区分场合

什么场合穿什么衣服，今儿去参加婚礼，你穿一身运动服去了，怎么着，你是便于抢亲的时候跑得快是吗？

明哥曾在一家公司组织员工趣味运动会，包了一个室内场地，人差不多齐了，一位同事刚来，穿着皮鞋、西裤、休闲西装，我们一看，哎哟，怎么着，小样的，你是来砸场子的啊？

不同场合穿不同的衣服，这是基本的穿衣礼仪。

面试时，穿得过于随意，显得没有诚意；穿得过于正式，弄得太过拘谨。了解应聘公司的情况，选择性着装。

4. 遵守惯例

遵守着装的惯例，如男士正装的西服，单排扣款一般三个扣子，最后一个是不扣的，这是惯例，即约定俗成的做法。一种有意思的说法是，合身的西装，第三个扣子的位置应该正好在腰带的位置，不系扣子，可以露出若隐若现、闪闪发光的腰带头……

明哥多年前跳槽，去新公司报道前一天，Boss 打电话说报道后带我到所有部门让大家都认识一下。放下电话，我一琢磨，这么隆重啊，穿正式点！第二天，天气还有点热，我穿着西装、打着领带，衣冠楚楚地就去了，结果……Boss 穿着文化衫、牛仔裤、运动鞋，全公司转了一圈，全是休闲造型啊……那天，明哥就像个傻子一样，感觉每个人见到我的潜台词都是"这个卖保险的来干吗"……

遵守惯例，了解公司文化，才能融入团队。那是一家互联网公司，穿着很随意，大家可以怎么舒服怎么来。之后，明哥果断地换成和他们一样的造型，否则人家一看你，不是一类人啊，都懒得和你讲话，还怎么在工作上相互配合。

20岁之前不漂亮可以怪父母，20岁之后不漂亮要怪自己。一个人优雅的形象不一定会带来成功，但一个破败的形象一定会让你很失败。形象是人的一张永远的名片。

如果你是路人甲，跨个LV的包包，别人会以为是假货；如果你是马云，就算穿个杂牌衬衫，人家也会觉得有品位。长得好不好看，穿的是不是名牌，并不重要，明哥长得这么安全，经常穿兄弟连三十块钱一件的文化衫，能说明我没有素质吗？华衣锦服，也需要先有个好身材；证书满地，也必须有点真本事。

面试的容貌和服饰就是形象上的准备，一个人的精气神、对生活和工作的态度、人生的品位等，都会有所体现。面试时，干净整洁，大方得体，像个职业人。

少琢磨什么"成大事者不拘小节"，多想一想"一屋不扫何以扫天下"。细节决定成败。

我们修饰容貌、注意服饰，是对别人和自己的尊重。

没有人有义务必须通过你邋遢的外表去发现你优秀的内在。你必须干净、整洁，甚至是精致，这是你做人的基本与尊严，不分男女。

青蛙和癞蛤蟆是同类，青蛙，思想保守、不思进取、坐井观天；癞蛤蟆，思想前卫、想吃天鹅肉、有远大志向。所以，青蛙上了饭桌成了一道菜，癞蛤蟆上了办公桌叫聚财金蟾。长得美丑不重要，重要的是要有梦想与目标！

3.5 面试的准备工作

相亲的准备工作是提前在约会地点附近埋伏好靠谱的闺蜜或死党，待对方一现真身，倘若没有相中，则适时做出暗号手势，救命电话就会分分钟如约而至……

俗话说"机会留给有准备的人"，凡事提前做好准备工作，准备得好就是在准备着成功，准备得不好就是在准备着失败，面试或相亲，莫不如是。

正所谓，临阵磨枪，不快也光。本章节，明哥想聊聊"光"的事。

关于赴约面试前要做的准备工作，明哥总结了"三板斧"：

（1）初入职场那些奇形怪状的坑。

（2）面试秘技之"胆大、心细、脸皮厚"。

（3）接到面试邀约后的准备。

3.5.1 初入职场那些奇形怪状的坑

这个世界还是好人多，但是，坏人也不少，世风日下，人心不古，骗子越来越多，手段越来越高明，这年头，扶个摔倒的老人都得先拍张照片留证……在求职路上，妖魔鬼怪也是层出不穷，上了西行路需要那么点火眼金睛，否则保不齐分分钟被妖怪清蒸、红烧、垮炖、爆炒，或者做了刺身。

在学校时，你见到的绝大部分人都是白色的，纯洁得和 A4 打印纸似的；进入社会后，你会发现，人是五颜六色的，有的贼黑，还有的挺黄……

外来求职者集中的城郊结合地区，黑职介往往为数不少，临时租用一个场所，一部电话，几把桌椅，再贴几张招聘信息，就齐活开张坐地收钱，少则几十多则几百，收了费用告诉你两周后通知面试，结果应聘者等来的是杳无音讯，待过去询问才发现早已人去楼空……

　　还有的黑职介串通医院专坑求职者的体检费，装模作样按照正常招聘程序面试，通知求职者录用前去指定医院体检，之后当然是以体检不合格为由堂而皇之地拒绝入职，或者通过增加一些要求，如再交费用、改变工作承诺等方式让求职者知难而退。

> 快交钱，然后回家等消息

　　这是黑的，利用求职者社会阅历浅，找工作心切的心理。

　　还有黄的……

　　高薪诱惑，"无须经验，月入过万"，通常都是招看起来高大上的公关之类的职位，一旦签约，威逼利诱，让你去陪酒或从事色情交易，如果拒绝，就控告你毁约，要求你赔偿或者骚扰你的家人。这和你在电线杆上看到的小广告"香港富婆重金求子"之类的没什么区别……

　　没有什么土豪金，真真只是屎黄色。

这个社会风很大，你可以善良，但不要天真，害人之心不可有，但防人之心不可无，明哥在这儿给初入职场的朋友提个醒，介绍一下常见的几种求职陷阱。

1. 坑人的传销

传销，说白了就是金字塔形的人拉人骗会费的团伙，没有什么实质产品，简单来说就是先骗了你的钱，然后给你洗脑，你再去发展下线多骗点人，然后大家逐级抽佣。因其骗术需要基于一定的信任关系，所以基本都是骗朋友、骗同学、骗亲戚，或者骗朋友的同学、骗同学的亲戚、骗亲戚的朋友……往往以给你一个根本不存在的、极具诱惑的工作机会为由把你拉上贼船。

对此，明哥的建议是，没有贪婪就没有伤害，面对任何高薪诱惑，都要记住，当天上掉下馅饼的时候，小心地上有个陷阱在等着你，多长个心眼便少一分受骗的可能。任何听起来美得冒泡的机会，一定要先想方设法查证确认，不要被兴奋冲昏了头脑。

如若不慎被骗，那么学会和这帮骗子周旋，尽量不要硬碰硬，伺机逃跑或报警。网上盛传的死缠烂打追传销老大女朋友或终日狂吃嗜睡还从来不洗澡等方法，明哥觉得，身处此境，各种招数都不妨试试……

另外，明哥并不建议初入职场去做直销，虽说直销有实际的产品，而且产品可能确实不错，但是这种同样的金字塔模式对销售员的个人能力要求太高，且有任务、没底薪，最终绝大多数做直销的人都沦落到为完成销售任务自己买产品和卖产品给亲戚朋友的悲催境地。想象一下你打电话给同学，"哥们儿，你知道安利吗"，曾经睡在你上铺的兄弟在电话那头一脸鄙视……

一条鱼掉到酱缸里，到处说环境差，一条大蛆爬过来，指着鱼的鼻子骂："闭嘴！你不能用鱼缸的标准评价酱缸，根据酱缸的标准，我们的环境已经很好了，完全符合酱缸的发展水平和技术条件。再说我们秉承的是先污染后治理的原则，调配这一缸大酱我们容易吗？"当大部分鱼认命时，蛆们却偷偷地爬出酱缸，变成苍蝇飞走了……

从理论上来说，任何入职第一步是消费其公司产品的情况都不靠谱。什么为了让你真正理解公司的产品，进公司的第一件事就是给自己先来一套的说辞，根本说不通。如果公司卖纸尿裤，那么我也需要穿几天体验一下？如果是医药公司，那么我有病没病也嗑两粒嗨一嗨？

说俗点，我们是来打工赚钱的，而不是来给公司送钱的。

2．收费陷阱

记住，拒交任何名义的费用，不论什么招聘公司，以什么名义向你收取所谓的报名费、培训费、押金、风险抵押金、服装费等各种巧立名目的费用，都是非法行为！遇到此类情况，要坚持拒交。简单来说，还未开始工作就以各种形式让我们先出钱的工作，是不值得考虑的工作。

有的公司在招聘时告诉求职者，要先培训合格才能上岗，让求职者交培训费、考试费等，然后经过几天装模作样的培训，考试完了让你漫长地等待后，打电话告诉你，"亲，很遗憾，你的考试没通过"；或者，这家公司早已不知去向。

员工入职所需的技能培训及福利（如工服）都应该由公司免费提供，如果其中真的涉及费用问题，则需要个人负担的部分费用也都是从员工的工资中扣除，而不是让求职者在上岗之前先交给公司。有的以你工作特征的名义，比如会携带、保管贵重物品或办公设备等，收取风险抵押金，这也都是瞎扯的事。

有的公司可能会在入职前要求体检，不过在入职后体检费用都会报销，所以只要入职前查询公司正规，体检时指定的医院正规，这个，没毛病。

3. 廉价劳动力

有的小公司试用期不给薪水，这种公司明哥建议你谨慎选择。有的公司创业伊始，可能资金紧张，或者规模较小，为节省成本，可能试用期不给上保险，虽然都不符合《劳动法》，不过这种现象确实较多，但是连薪水都不给，明哥觉得，就太不靠谱了。包括从事某个销售岗位，必须卖出多少产品才有底薪，都非正规公司。

有的创业团队在招聘时还特别说明在做一件非常有前途的事情，以后会如何如何，但是现在可能薪资待遇都差点意思，希望有奉献精神的能人加入。每次明哥看到这种情况都觉得很可笑，你的事业，让别人有奉献精神，你是喝多了吗？给不了钱，你就把股份预期给到，什么都不承诺，人家凭什么奉献呢？大家出来混都是为了赚钱的……

还有的招聘公司以试用期为名使用廉价劳动力，尤其诸如"本广告长期有效，常年招聘，且报名不受限制"的招聘广告，往往会以高薪招聘诱人职位的名义引来众多应聘者，然后给出非常低的试用期工资且试用期较长，在试用期结束后再以各种理由予以辞退。

4. 窃取求职者信息或作品

以招聘的名义，诱得求职者个人信息（如身份证号码或复印件，甚至银行账户等）进行非法活动，如倒卖个人隐私，甚至直接盗用账户、冒名高额透支等。所以在简历中不要暴露自己的身份证号码，没必要，非办理入职手续，不要提供身份证复印件及银行卡号等，要注意个人信息的保密。明哥这么注意的人，还经常被卖，在中国移动当年用表哥身份证办理的手机卡，经常接到电话"您是陈先生吗"，我就知道被移动内部的害群之马卖了；在百度注册的后台推广账户，同事留的是我的手机号，经常接到百度竞争对手的电话"您是马先生吗"，我就知道又被百度内部的无耻之徒卖了，防不胜防啊……

还有的无耻的公司会剽窃求职者作品，以招聘考试为名，让求职者做程序设计、策划方案、广告设计、文章翻译等，之后无偿窃取劳动成果。明哥当年找工作就碰到过，去面试没聊几分钟，就安排你回家设计一个特别复杂的技术方案，之后发邮件给他。倘若考核，大可不必复杂至此。要具备慧眼，多加小心。

> 小王啊，多让几个找工作的做个设计案，挑个好的用，人就不用招了。

初次求职者一般经验缺乏，加之防备松懈，比较容易上当受骗。明哥提到的这几种常见的骗术，算是抛砖引玉，供你借鉴。

其他如扣留求职者证件或押金，诱骗你从事不正当的商业行为；或者利用职场新人的懵懂在劳动合同中添加霸王条款，以及口头承诺与实际协议内容严重不符……类似的坑，明哥就不一一列举了，骗术也会日新月异，求职者需要一双慧眼，把这纷纷扰扰看个清清楚楚、明明白白。

但要记住,这个世界终归是美好的,只是你需要在奔跑的时候看着点脚下的路。

3.5.2 面试秘籍之"胆大、心细、脸皮厚"

有些事想做得比别人好一点,往往没什么了不起的秘密,比别人做得多那么一点点,就够了。面试有没有什么可以打通任督二脉的葵花宝典?明哥给大家推荐一套简单粗暴的七字诀:胆大、心细、脸皮厚。

1. 胆大

明哥大学毕业前几个月来北京"考察",在中关村人才市场看到硕大的一个牌子,赫然写着"招聘 UNIX 高手,底薪 5000 元起"。十六七年前,5000 元,对于一个大学即将毕业的年轻人来说,诱惑力太大了,可惜,我根本不知道 UNIX 是什么东西……那个年代也没有什么培训可以参加,我跑到西单图书大厦,好不容易找到两本入门书籍,如获至宝般踏上回家的火车。没有操作环境,闭门造车了两三个月,学了点皮毛,混了个脸熟。

毕业后,机缘巧合,应聘到一家采用 UNIX 技术的公司。面试时,笔试题凭借书中所学答了个马马虎虎,1/3 的题都没回答上来。值得庆幸的是,当年会这个技术的人太少了,其他候选人还不如我呢。后来和面试的大哥混熟了,他说,当年我笔试题答得其实也挺让人鄙视的,但是其他人更差,没办法,矬子里拔大个,录用了我……越胆大,越幸运。

幸亏当时年少无畏啊,如果明哥是个色大胆小怕狗咬的主,瞄一眼一看不会就怂了,或者一琢磨自己这点斤两还应聘个啥啊,也就没有这么一段际遇了。

不必万事俱备再出来求职,胆子大一点,"心有多大,舞台就有多大",敢想才有机会,敢干才能成功。喜欢一个女孩就去追求,一门心思琢磨,好好学习，努力工作，然后买了房、开着车、拿着戒指到自己喜欢的女孩面前，这时候你就会发现，她的儿子已经两岁了！

我们总是喜欢拿"顺其自然"来敷衍自己瞻前顾后、犹犹豫豫、唯唯诺诺的失败，一切顺利就觉得自己真行，遇到麻烦事就怪水星逆行。真正的顺其自然，是即刻行动竭尽所能之后的不强求，而不是两手一摊的不作为！一个不会游泳的人，有没有泳池，都一个德行；一个会游泳的人，早上在脸盆里都能练闭气！

面试是一个双向选择，不要摆出一副便秘的表情，对面的家伙当然可以决定是否聘用你，但是你也可以选择去不去，放——轻——松！胆子再大一点，步子再快一点，这点小事都做不到，就别找工作了，回家洗洗睡了吧。

2. 心细

细节决定成败，小事不小，更能体现一个人的素质。

面试相谈正欢，你的手机不合时宜地响了起来，连面试时手机应该调成振动或静音这种事都忘记了，可见你并不是一个心细的人。

明哥曾经就职的一家公司，负责招聘的面试官甚至会观察，求职者离开会客室的时候，是否会把椅子复原，是否会把喝完水的纸杯扔到垃圾桶。这事没做不一定会扣分，但是做了则一定会加分。

戴着墨镜或蓝牙耳机，进门身上一股烟味，或者嘴里嚼着口香糖，面试官没坐呢你先坐了，对方说话的时候你在打哈欠，面试当中要求去洗手间……这些面试中不应该犯的小错误，其实都会形成面试官对你的判断。

面试回答问题，也要仔细琢磨。比如，你来面试，明哥是考官，问："假如我们公司聘用你，有一天你开会时和主管意见不一致吵了起来，你如何解决？"

有的求职者想都不想，"那可能是我错了，我给他道个歉"……

你怎么知道是自己错了？这是典型的陷阱问题，你的正确回答是：在我身上就不会发生这种事，不会开会时和主管吵起来，作为下属我要服从他的命令。如果我还是觉得自己的建议是对的，那么可以会后去单独找他，和他沟通，"经理，我还是想不通我这招为什么不行，我资历比较浅、经验不太多，您能不能指点我一下……"就可以了。

不拘小节往往都是马虎的人的借口，魔鬼都在细节。

3. 脸皮厚

明哥在过去的工作中，碰到过两个印象最深的"脸皮厚"的主。

一个小伙子，当年来我们公司应聘，我面试了没几分钟就觉得他根本不适合，于是快速地结束了面试。小伙子也感觉到这次是没戏了，让人没想到的是，结束离开时，他和我讲："李经理，我知道我可能不适合您公司这个职位，您看，您有没有什么朋友公司招人有适合我的职位不，能帮忙介绍一下吗？"当时我就懵了，没见过这样的啊，愣神之际下意识地说了句"好的"。结果说出去的话，泼出去的水，总得兑现啊，我觉得这小伙子的闯劲应该适合做销售，正好一个朋友的公司招人，我就把他的简历推荐了过去，万万没想到，他竟然面试成功了……

不要埋怨生命中没有贵人，关键是自己有没有寻找。

明哥曾经招聘一个助理，一个小女孩来应聘，从各方面条件来说都非常适合，唯一的不合适就是她的期望薪资比我们定的岗位薪资高，只好忍痛让HR婉拒。

没想到后来她居然联系到我（电话是她面试结束后向我要的）："李经理，我觉得面试中您对我比较满意，想问一下是我哪里表现不好没被录用？"这就尴尬了，我只好如实相告，不是她的问题，是我们公司差钱。没料到她说了这样一番话："李经理，我非常希望能到贵公司与您共事，您看有没有这种可能，薪资就按咱们公司的标准，但如果我之后的工作表现良好，您可以到时候帮我申请加薪吗？"我一琢磨，这也不是不成，后来就申请录用了这个小女孩。后来，她的工作表现果然让所有同事和领导都很满意，加薪自然也是情理之中的了。

如果没有争取会让你觉得遗憾，那么就去争取吧。所有的好面子都是没用的懦弱。

所谓"胆大、心细、脸皮厚"，其实说得好听一点就是"自信、细节、执着"。

3.5.3　接到面试邀约后的准备

接到面试邀约电话，首先要问清楚对方公司名称。基本上所有邀约面试的HR都会把公司名称说得飞快，而且可能还是简称，你如果没听清楚，那么等他讲完后，不妨问一下："抱歉，刚才我这里信号不好，您方便再说一下您是哪家公司吗？"既显得你很有礼貌，又让她重复了一次，而且她也不知道你是不是真的电话信号不好……但一定不要不好意思去问，因为只有知道公司名称才能做接下来的准备工作。

接到面试邀约，窃喜之余，你要做的第一件事不是准备面试，而是了解招聘公司及应聘职位的情况。

这是一个信息无所遁形的时代，想知道一家公司是不是骗人的，首先可以搜一下其官方网站，如果在这个万物互联的时代连个网站都没有的公司，你觉得是不是有点可疑？

接下来可以通过如全国企业信用信息公示系统（http://gsxt.saic.gov.cn）查询工商注册信息，了解其是否注册、注册是否过期及公司基本情况。

另外，要判断一家公司是否靠谱，可以百度一下"公司名称 骗子"，若果不其然是骗子，你就会看到很多之前上当受骗的应聘者发出的提醒。还可以看一下企业点评类网站的评价，通过百度知道去提问，通过QQ群找到这家公司的员工去询问等。

再狡猾的狐狸也很容易露出尾巴。

判断了公司是否靠谱后，接下来，在应约面试前，明哥建议，"人肉你的对手"，提前了解一下公司背景。通过百度搜索或查看公司网站，了解公司产品、所属行业、主营业务、组织架构、主要领导人、公司文化和经营理念等。设想一下，一个对公司一无所知的求职者，和一个不时表现出对公司某方面有一定了解及认同的求职者，面试官会选择哪一个？

你对公司的了解代表着你的意向性，你对公司的认同证明了你的稳定性。

更进一步，我们还应该仔细看一下招聘职位的岗位要求，不同的公司对同一职位的要求可能因业务不同而略有差异。这家公司了解××技术优先，就算你一无所知，临阵磨枪也应该提前做做功课；那家公司写了需要具有良好的沟通能力，面试现场让你讲一件证明自己沟通能力强的事情，你就应该能讲得像模像样甚至有声有色，而不是磕磕巴巴、一塌糊涂。

功课要做在前面，小抄要带在身边，这个小时候就明白的道理，怎么长大了反而不会了呢？

赴约前，提早查阅交通路线，找好到达途径，估算乘车时间，留出富裕。面试一定不能迟到，提早一点点到。

在面试时迟到是绝对不可原谅的行为，代表你对这家公司根本不重视。守时，就是守信，就是遵守承诺。设想一下，连面试都迟到，谁敢指望你上班不迟到？谁能指望你见客户不迟到？面试官都会有这样的联想和判断。迟到，从来不是小事；迟到，也没有任何理由。周一面试，堵车迟到，哪个周一不堵车？你不会早点出门？今天下雨，迟到了，你难道不会看天气预报？没有任何理由。

提早一点点到，便于做好心理准备，放松心情。一旦迟到，本来可能有点紧张，就会变得更加紧张，面试的发挥都会大打折扣了。

除了应聘职位专业技能的复习，以应对测试和提问，不要忽视常见面试问题的准备。像自我介绍这种十之八九会有的面试表演节目，就应该提前写好背熟；过去有工作经验，几乎一定会问你为什么从上家公司离职，提早想好如何应答。这种明知会问的面试问题如果都回答得令人不甚满意，那么你找不到工作，不是倒霉，而是活该。

面试前，还需要做好心理和生理上的准备，休息充分，保持好的战斗状态和精神面貌。

携带好随身物品，别上了战场没带枪，人家管你要简历，你掏出个U盘，"忘带了，能不能帮我打印一份"；或者简历折了又折，一掏出来皱皱巴巴的，自己看着都不好意思；不要带乱七八糟的杂物，掏包里的简历时，不小心顺出来一件私人物品，这……

职场新人面试，不管多紧张，都不要带同伴，尤其是女性求职者，面试官看到会怎么想，"哎哟，还带了护法啊"。

能"一鸣惊人"，必定在他"不鸣而已"的时候不断养精蓄锐；能"动如脱兔"，必定在他"静如处子"的时候细细观察；能"一夕成名"，必定在那一夕之前有着千百个夜晚暗暗地演练……不要光看着朋友找到了一份令你艳羡的工作，而忽视了人家背后的努力和准备、汗水与艰辛，没有谁能随随便便成功。

有舞台就好好地演一个角色，没有舞台就静静地做一名观众，有空多读读《一个演员的自我修养》，没事揣摩揣摩演技，哪怕一个跑龙套的机会也不要轻易放过，要相信，上天终会眷顾有准备的人。

凡事预则立，不预则废。

面试过程篇

3.6 面试紧张怎么办

紧张是新人求职的常见现象，是一种正常的生理和心理反应。

年轻人刚从学校走出来，从来没有面试过，这是一个陌生的行为，害怕不能赢得面试官的好感，对面试成败充满了未知的担心，坐在面试官对面，口干舌燥，掌心出汗，心跳加速，腰腿酸痛，精神不振，好像身体被掏空……

有一点紧张是很正常的，但如果过度紧张，那么问题就来了。过度紧张必然会影响你的面试发挥，大脑一片空白，说完上句不知道下句说什么，你说你具备什么样的能力，问题是如果你表现不出来，那么在面试官这里就是没有！

你猜面试官会不会非常善解人意，"哎呀，这个小伙子是不是刚毕业从来没有面试过啊，我体谅他一下吧……"到哪里找这么好的人？明哥就没见过这么善良的面试官，那点恻隐之心早在每天面试 N 个人的枯燥乏味中磨没了，除非你美得人见人爱、帅得一塌糊涂……

明哥再强调一次：怀才就像怀孕，你得让人家看出来！

是不是千里马，需要拉出来跑两圈，没发挥好这种事，可以同情但不能原谅，面试搞砸了，不会有伯乐给你第二次机会。

本章节，明哥为职场新人开解一下关于面试紧张这回事，分析你为什么在面试时会抖得厉害，告诉你面试紧张可能的惨淡下场，以及最重要的是分享一下克服面试紧张的方法。

3.6.1 面试时为什么紧张

没有无缘无故的爱，也没有无缘无故的恨，更没有无缘无故的紧张。面试紧张多半有 4 点原因：准备不充分；自信心不足；得失心过重；负面预想多。

1. 准备不充分

去面试，简历都忘带了。没提早出门，华丽丽地迟到了。本身就有点小紧张的你，有了这些小事故加持，必然会表现得一塌糊涂……

对于面试，应该战略上举重若轻、战术上举轻若重，准备工作细致入微。一个不经意的细节往往能够反映出一个人深层次的修养。切记，大礼不辞小让，细节决定成败。

2. 自信心不足

回答问题时语气犹疑，精神面貌上萎靡不振，看着跟糠了似的，没个精气神，也没什么底气，不像个值得栽培的样子……

调整面试心态，树立自信。先相信自己，别人才会相信你。

3. 得失心过重

害怕面试失败，焦虑，担忧，纠结，患得患失，压力很大，畏首畏尾，快把自己弄成了神经衰弱……

暗示自己，即使面试不上，天也不会塌下来，认真吸取经验，准备下一次面试。没什么事是一顿烧烤不能解决的，如果有，那就两顿。

4. 负面预想多

没等见到面试官呢，就先假想了一个容嬷嬷的形象，想到各种自己面试未果的悲惨人生，衣不遮体，食不果腹，凄风苦雨，孤独终老……

这样的人往往会有逃避心理，一遇到挫折就被负面情绪打败，觉得自己是失败者。可以预想最坏的情况做准备，但是你要跟着的是指南针而不是地图！

面试紧张还与个人的切身利益、前途命运的关联程度有关，越看重越紧张，关联程度与紧张程度成正比。往往越是希望应聘成功的职位，面试时就越紧张；或者把面试官看得过于神圣，面试流程规范，面试程序严密，引领员带你进入会客室时，自然会产生一种紧张的气氛；又或者面试题的难易程度等。

凡此种种，明哥不再赘述，只用一句话做个提醒：

面试临场发挥与紧张程度成反比。

3.6.2 面试紧张的下场

对于面试紧张的求职者，面试官基本只有两种判断：一是你不自信；二是你撒了谎。

你为什么说话声音小得好像两天没吃饭？脸红脖子粗的，你是大款还是伙夫？

是不是担心我问的问题你回答不上来，你对自己的能力没——有——信——心！

第一种判断是你不自信。你对自己都没信心，凭什么要求我对你有信心？基本的逻辑关系是，你有自信，我才能有信心聘用你、培养你。

第二种可能的判断是，你为什么坐在我对面，一直低着头不敢看我的眼睛？

小孩子撒谎，盯着他的眼睛看，会发现他眼神中的慌乱。你不敢看我的眼睛，是不是你回答我的问题时撒了谎？你递给我的简历造了假？你的心虚让我产生了对你不利的判断！

不管面试官对你面试紧张的判断是不自信还是撒了谎，这次面试，你都凶多吉少了。

3.6.3 如何克服面试紧张

怀才不遇这种事，一方面，你是否真的有才；另一方面，你的才别人看不看得见。面试过于紧张，发挥得一片狼藉，焦头烂额、狼狈不堪，这不是怀才不遇，而是黔驴技穷。

关于如何克服面试紧张，明哥有5点小建议。

1. 客观看待

一定程度的紧张，明哥觉得，是正常且有好处的。它是让我们准备应付生存环境向我们提出不寻常挑战的自然方法。所以，当你发现脉搏加快、呼吸急促时，大可不必慌张，你的肉体本身就对外界刺激特别敏感，它这时候正准备做出反应呢，所以，淡定一点。如果这些生理上的准备恰到好处，你就能够更迅速地思考，更加专注，说话更加流畅，甚至比不紧张的情况下表现得还好。

明哥去大学做讲座，已经有很多次了，"如今站在台上，也难免惊慌"。但是通过对生理和心理的调节，这种紧张反而可以促使我表现得更加精彩。记住，越紧张越害怕，越害怕越紧张，客观看待紧张这回事，没那么可怕。

对于用人公司来说，如果一个应聘者紧张到一定程度，则可能反映出他对于这次面试的重视，对于能加入公司的机会非常在意。这时，你可以尝试如实说出自己心情紧张，不妨直接对面试官讲："对不起，我有点紧张。"坦诚更容易赢得别人的好感，面试官会给你鼓励，你的紧张情绪也会逐渐消失。

2. 做好准备

曾经明哥很害怕演讲，一上台就忘词，口干舌燥腿发抖，后来同事教了我一招："忆高人胆大"，不是艺术的艺，而是记忆的忆。像自我介绍这种逢面必问的，就应该提前写好背熟，自己找个没人的地方多加练习。能带给你安全感的，除了手机有电、卡里有钱，还有预先演练烂熟于心。

一般情况下，面试之前或面试刚刚开始的时候会紧张，随着你和面试官的交谈逐渐深入，你的紧张感会逐渐减淡，因此开场的自我介绍如果能够发挥好，给面试官留下一个好印象，那么你会不由自主地放松下来。

害怕，多半源于无知。如应聘职位专业知识的复习、应聘公司的基本情况、常见面试问题的准备等，都应该把功课做在前面。

适当准备一件有品质的衣服，会感觉自己变得精神焕发、信心倍增，也就不会那么紧张了。面试之前，可以看点轻松活泼、幽默搞笑的读物，转移注意力，调整情绪，克服面试时的怯场心理，避免紧张、焦虑情绪的产生。

3. 建立自信

自信心不足，绝对是硬伤，对于面试来说是致命的。毕竟基本的逻辑是，一个人首先对自己有信心，才能有资格要求别人对你有信心。

明哥始终觉得，自信不是天生的，是可以培养的。假设你觉得自己的语言表达能力不够好，那就多去练习，自己说说，用手机录音听听，给别人说说，让对方提提意见，在这个反复练习的过程中不断进步，一点一点小的成功就会变成自信。在每次面试后，做好总结，失败不是成功之母，总结才是成功的亲娘。很多事情根本没有什么天赋，说白了，做得不好、自信不够，根本原因是努力不到位。

很多职场新人不够自信，是觉得自己专业能力不足，可……你难道对自己的学习能力也没信心？毕竟，公司招聘新人更看重你是否有值得培养的潜质。

可以做一点积极的自我暗示，如面试前对自己说 20 遍"我相信自己"，逐步改变以往对自己的否定观念，学会悦纳自己。或者做做系统脱敏练习，改变往往是一个渐进的过程，需要一步一步地来战胜自己的紧张心理。可以闭上眼睛想象一下去面试的场景，如何进入面试场所，如何和面试官打招呼，怎么满怀信心地回答问题，没有准备的提问如何应对……尝试以面试官的角度来思考现场情况，想象别人比自己可能更紧张或者大家都是一样的心境……

你相信什么，就会吸引到什么，这叫心想事成；你怀疑什么，什么就会与你擦肩而过，这叫不信则无；你抱怨什么，什么事就在你身上发生，这叫怕什么来什么。面对机会和挑战，不一样的意识决定了不一样的结果。

4. 看淡得失

不要害怕紧张，想要控制它，首先需要承认它。从心理学方面来看，造成面试紧张的根源是面试发展的实际情况和你事先期望之间的距离。事情发展和期望之间的差距越大，紧张的程度就越大。如果你实在太紧张，那么明哥有一个损招，是一种极端的方法，你可以把前两次面试当作练习，尽最大的努力，抱最小的期望，至少前两次面试你没有心理负担，可能会放轻松一点，而且说不定还会有意料之外的收获。

不要过于追求完美，对自己要求过高，就很容易患得患失。一般太在意别人对自己的看法，一心想要得到别人的承认，很容易因此而迷失自己。接受自己的现况，不要去管别人怎么看待自己，你越担心出错，就越会感到手足无措。想在面试很短的时间内把问题想得既周到又全面是不现实的，只要能够把自己的真实想法说出来，把自己最好的一面呈现给面试官，就是胜利。盲目地追求完美，乃至面试时不尽如人意就出现紧张焦躁的状态，是不明智的。

更有甚者，担心明天会不会因为左脚先迈进应聘公司大门而面试失败……活得累是因为心里装了多余的东西，跟吃饱了撑的是一个道理。

得失不随你是否紧张而改变，别人也不会因为你紧张而同情你，只会因为你紧张而对你下不利的判断。得也好，失也罢，自己问心无愧地努力了，就好。

5. 凡事积极

克服紧张的最好办法就是勇敢地去面对紧张！我们害怕的其实并不是事物本身，而是我们自己，关键是看你能不能战胜自己。

乐观一点，不要凡事往坏处想，总是很悲观，碰到问题先抱怨而不是想解决方法。面试，不要做太多的负面预想，金无足赤，人无完人，每个人都有缺点和优点，与其因为担心暴露缺点而紧张，不如把注意力放在展示自己的优点上。另外，说服自己，在面试中你一定会犯错误，这很正常。不要一个面试问题感觉回答得不好，面试官看你一眼，你就脑补出一部宫斗剧……做一个别人眼中乐观的人，上吊快死了，大家还以为你在荡秋千。

如果在与面试官交流时因紧张而说话速度变快，则会加重紧张，进入一个恶性循环。此时，一定要刻意放慢说话的速度，可以减轻紧张情绪，更重要的是，可以让面试官仔细倾听你的话语。不急不躁地把事情说清楚，别给别人留下不稳重或冲动的印象。

面试是一个双向选择，面试官当然在决定是否聘用你，但你也可以决定去不去，你所在的城市不太可能就这一家公司在招聘，面试一旦未果就要去喝西北风了。积极一点，面试成功固然可喜可贺，面试不成功也是一次学习，是为了下次面试表现得更好。

每个求职者都要经过面试这道关。有的人发挥自如，逢山开路，遇水架桥，顺利闯关；有的人则战战兢兢，被动应对，纵有再多能耐，但由于临场表现欠佳，难免败北……

如果总有人要赢，那么为什么赢的人不是你？

紧张是一种本能反应，是体内肾上腺素突然增多，告诉我们有紧急或危险的东西来到面前，提醒我们是战斗还是逃跑。是的，你可以选择是战斗还是逃跑。

3.7 如何做自我介绍

好的开始是成功的一半。

自我介绍几乎是面试的必备节目，面试官见面寒暄后很可能提出的第一个问题就是"请你简单地做一下自我介绍"。如果你的自我介绍给他留下了深刻的印象，那么接下来的面试会朝着你预期的好的方向发展；而如果你的自我介绍一塌糊涂，那么面试官的"先入为主"恐怕会让你的这次面试变成"一场游戏一场梦"……

有的求职者很困惑：简历上我的情况已经写得很清楚了，还让我做自我介绍，不是多此一举吗？你可千万别脑子一热和面试官说"我叫尼古拉斯赵四，基本情况简历里都写了"，这里的潜台词分明是"你瞎啊，不会自己看啊"，面试官对你的印象分会一下子降到冰点。

自我介绍是一件很有套路的事情，就好比你回答女朋友"你喜欢我什么"这样的问题一样，套路是：一个时间点+一件小事+形容润色+海誓山盟，如"四年前的一个早上，你忙碌着为我准备早餐，看着你的身影，我恍惚看到了天使，美极了，那时我便默默地对自己说，这就是我要用一辈子去爱去疼的女人……"看到没，套路满满，正所谓没有套路要什么武术，下面明哥和你聊聊自我介绍的那些套路。

3.7.1 面试官想从自我介绍中看到什么

1. 可以看到你的自我介绍和简历内容是否一致

如果简历是真实的，则口述的自我介绍就不会有明显出入；但如果简历有虚假成分，则自我介绍可能就会露出马脚。明哥不建议求职者造假，绝大多数人都无法把谎话说得和真的一样，何况对面坐着的都是老油条。谎言一旦被揭穿，面试就到此为止，而且还会有避免不了的尴尬与鄙视。就算侥幸没被揭穿，想象一下，多年以后，回想这段不光彩的求职经历，当时说着言不由衷的话、戴着伪善的面具，都会成为你职业生涯乃至人生的一个污点。

2. 可以看到你的语言表达能力、逻辑思维能力、总结概括能力等

自我介绍都讲得一塌糊涂，能指望你在工作中给客户说明白公司的产品？自我介绍前言不搭后语、乱七八糟、不知所谓，你的工作会安排得先后有序、井井有条？应聘任何职位，除了专业技能，综合素质也非常重要，面试官，尤其是人力资源部门的面试官，在面试时也会将自我介绍作为录用标准的一方面去考察。

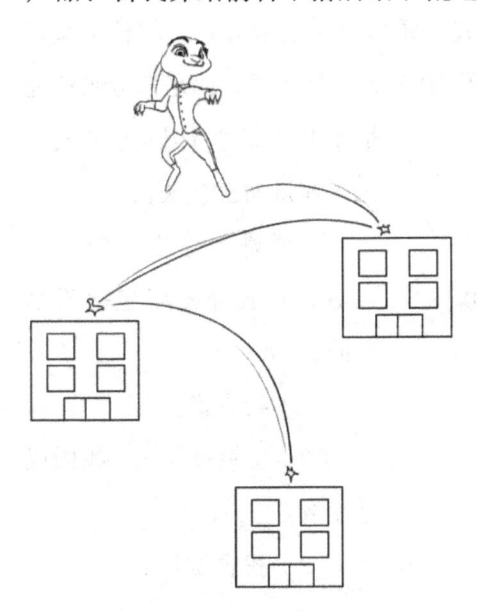

3. 可以看到你初步的岗位胜任能力和价值取向

自我介绍，你要说明自己具备哪些能力，这是胜任这个职位的必

要条件,也需要说明过往简单的职业变动经历及求职意向等。两年换了 8 份工作,比小白兔蹦跶得还勤快,稳定性太差了,"我跳槽就是为了多赚钱",那……竞争对手公司多给 500 元你会不会分分钟叛变革命?

面试官也可以从中看出你对自己能力的认知、你的职业规划、你的价值观、你的稳定性等。

面试官还可以从中看到你的时间掌控能力、应变能力等。"请你用三分钟做一下自我介绍",结果你跟喝了红牛似的——你的话唠超乎你的想象,弄得面试官恨不得照着你的脑袋浇两罐王老吉……一般自我介绍可能给两三分钟,但今天面试官突然让你用 30 秒做一下自我介绍,你是否有很好的临场应变能力?

自我介绍是应聘者在简历之外最能够呈现能力的一个地方,也是应聘者在整个面试过程中唯一一次主动展示自我的机会。

3.7.2 你的自我介绍应该讲什么

很多应聘者做自我介绍,时间短了不知道说什么,三五句介绍完了,人家就记住了你的名字,这样的自我介绍就失去了意义;时间长了又长篇大论没有重点,一个自我介绍讲了 10 分钟,你干吗,你是来应聘的还是来相亲的?你以为你上的是《非诚勿扰》啊。

让明哥给你指一条溜光大道,自我介绍就包括三个方面:

(1)我是谁。

(2)我做过什么,我做成过什么。

(3)我想做什么。

1. 我是谁

别人不认识你，要介绍自己的简单情况。你姓甚名谁、哪里人士、今年"贵庚"、毕业学校、应聘职位等，诸如此类。

生动、形象、个性化地介绍自己的姓名，从名字的音、义、形或者来历进行演绎，不仅能够引起面试官的注意，而且可以使面试的氛围变得轻松。但是不要啰啰唆唆，恨不得搬出族谱来，"我叫李明，您听说过李世民吗……"；教育背景一般说最高学历就行了，不必从上幼儿园一直说起，就算相亲，人家也没兴趣知道你穿开裆裤的事。

2. 我做过什么，我做成过什么

做过什么，代表你的经验和经历。主要介绍与应聘职位密切相关的学习或实践经历，包括参加培训学习、校内社团活动、实习经历或兼职经验等。说清楚确切的时间、地点、担任的职务、工作内容等，会让面试官觉得更真实可信。特别需要注意的是，你可能是一个有故事的人，经历可能很多，但切勿面面俱到，那些与应聘职位无关的内容，即使你引以为荣也要忍痛舍弃。应聘个程序员，一顿讲上大学勤工俭学练摊的"英雄事迹"，这……就跑偏了。

做成过什么，证明你的能力和水平。主要介绍与应聘职位所需能力相关的证明，如考取的证书、获得的奖项、学习成绩、校内活动或校外实践的成果等。做成过什么，就是晒成绩，把自己在不同阶段做成的有代表性的事情介绍清楚。

做过什么和做成过什么，

> 9岁博览群书，
> 20岁到达顶峰，
> 往前300年往后推300年，
> 没有人会超过我

这是最重要的部分，展现了你对应聘职位的胜任能力。不要过分谦虚，"我是来贵公司学习的……"，人家要找的是职员不是学员！也不要过分高调，让面试官觉得整个会客室都是"牛在天花板上飞"。

还没吃到的糖在想象力的加料上总是甜的，学会低调，低调才是最厉害的炫耀。

3. 我想做什么

想做什么，代表着你的职业理想。介绍自己对应聘职位、行业的想法，包括你的职业生涯规划、对工作的兴趣与热情、对行业发展趋势的看法等。要说有什么基本原则，其实很简单，就是：我非常看好贵公司和贵公司所在行业的发展前景，我非常热爱这个职业，愿意和贵公司一起成长。喊喊口号、表表忠心，有时还是很有必要的。

这三部分的时间分配，明哥的建议是："我是谁"占 10%～15%，"我做过什么，我做成过什么"占 70%～80%，"我想做什么"占 10%～15%。如果面试官没有特别强调，那么自我介绍的时间三分钟最合适，每分钟 180～200 字，也就是你要准备大概 600 字的内容，这样的语速会让对方感到舒服，同时也能更加有效地传递信息。说话别太慢，年纪轻轻的让人感觉像个小老头；也别太快，跟打机关枪似的，让对方听不清楚。

3.7.3 做好自我介绍的三点建议

1. 事先以文字形式写好背熟

自我介绍，提前写好背熟，现想现卖，不做准备地去裸奔，要多蠢有多蠢。明哥曾经有个同事，他的自我介绍有 50 字的（30 秒）、200 字的（1 分钟）、400 字的（2 分钟）、600 字的（3 分钟）等众多版本，你给我多长时间，我就可以介绍多久。按照上面明哥建议的内容结构，脱胎于简历去写自我介绍即可。

面试前，多做预先演练，讲讲试试，用手机或电脑录音，听听自己说得熟不熟练、自不自然、语速快不快。如果条件允许，则可以找人听听给点建议。切忌以背诵朗读的口吻介绍自己，像背课文似的，表现不自然，在表述方式上尽量口语化。

记住，越熟练越从容。自我介绍卡壳了，可不是什么好现象。这如果是王家卫的电影，那么此时会响起面试官的画外音："我当时并不明白他为什么突然不说话，我不知道他是不是故作深沉，还是在想怎么编造故事，他是一个很奇怪的人，我想要了解他。但两分零七秒之后，他还在没有重点地乱侃一通，我才意识到他根本就是个棒槌……"

2. 切中要害，不谈无关内容

两三分钟的自我介绍，不要讲太多个人情况，重点是与职位相关的胜任能力。自我介绍不是自传，不要说起来没完没了，切中要害、言简意赅，介绍内容有所侧重，不要说得和流水账一样，着重介绍能体现自己能力的地方，突出自己对该公司所能做出的贡献。

你应聘技术岗位，就不需要过多介绍你在麦当劳打工的经历。你大学所在班级获院系优秀班级评选第一名，大可不必拿出来说，介绍你自己的业绩，而不是团队业绩，因为公司要招聘的是"你"，而不是"你们"。叙述业绩和成果，要有量化的数字，要有具体的证据。不要用笼统的"很好""挺多"，也不要用"大概齐""基本上""差不多"等概数。例如，"我用了不到一周卖出了几百包辣条"，或者"我用了5天时间卖出了653包辣条"。

个人爱好、座右铭、人生信条之类的，明哥建议，没必要谈，除非和所应聘职业有关联，否则不要表述毫无营养或者假大空虚的内容，这些话就好像"十八岁以下禁止观看""我马上就到""改天请你吃饭""我已阅读并同意以上条款""吸烟有害健康""站住不要跑"等一样没用……

3. 条理清楚，层次分明

自我介绍内容的次序安排非常重要。说话的时候，顺序很重要。是否能吸引听众的注意力，全在于事件的编排方式。所以排在头位的，应该是你最想让面试官记住的事情，而这些事情一般都是你最得意之作。

在介绍业绩取得的具体过程时，还可以巧妙地埋伏笔。例如，在介绍实习经历时，你可以这样描述："在工作中遇到了很多问题，不过我还是成功地克服并达成了业务目标。"这样就可能引导面试官提问"遇到了哪些问题"，然后你就可以进一步阐述细节内容，体现出自己处理问题的能力。多使用适当的副词或形容词，比如，"通过我和团队的努力，××项目取得了突破性的进展""与以往的任何一次活动相比，都有很大差异"等，面试官往往会关注到"突破性""很大差异"这样的字眼，从而引诱他们就此话题询问。

会点套路，你才能有更多机会耍耍武术。

在讲话过程中要留意面试官的反应，如果说到某个话题，对方明显地探身向前或眼神冒光，则相关内容最好多多描述，随机应变。就好像今天女朋友生气了，你拿起水杯往地上一摔，马上观察她的反应，如果镇住了，就完事；如果没镇住，则顺势往玻璃碴子上一跪，摆平！面试，也需要你这么机智。

在后续的面试问答环节，还可以不断融入自我介绍。如回答某个问题时，提及自己过往的工作经验如何如何，这件事情根据自己的经验可以怎么怎么解决。在回答问题的过程中提及自己的优势，没有一丝丝刻意的痕迹，但是在听者心里留下了印象，有思想，无痕迹。

七仙女在湖中洗澡，八戒很想看。他想仙女喜欢鲜花，便摘了一把鲜花大喊，"快来看呀！"仙女不为所动。唐僧朝湖面轻声道："施主，小心鳄鱼啊！"众仙女飞奔上岸……

比面试官喜欢听什么就讲什么更重要的是，你的自我介绍是否匹配职位招聘要求，你要知道公司的忧虑是什么，进而有针对性地讲什么。

自我介绍是给面试官的第一印象，千万别玩砸了。

3.8 面试的言行举止

相比容貌和穿着，一言一行更能体现一个人的素质。

多年前，明哥被 Boss 分配到青岛分公司支援，到了分舵去拜山头，青岛的老大正在面试一个项目经理，招呼我在旁边沙发坐下稍待，接下来，我就见证了一次失败的面试……

应聘的兄弟坐的是转椅，是的，你猜对了，他边说边转……

老大问："你为什么从上家公司离职？""我之所以从上家公司离职……"说的同时这哥们和吃了炫迈口香糖一样啊，转得根本停不下来……老大的脸色越来越难看，找个理由就把他打发走了，关上门和我说："这种人谁敢用？面试这么严肃的场合坐我对面一直转，这要是聘用了他，回头在大客户面前一通转，什么客户都给转没了。"

你再厉害也要尊重别人。

小事体现素质，细节决定成败。千万不要忽视你面试中的言行举止。

本章节明哥以点带面，讲 4 点"言"的提示和 4 点"行"的建议。

3.8.1 "言"的4点提示

有的人会说话——

女人和老公看完电影,脚崴了,老公就背着她回家,女人不好意思地说:"老公,你背着我重不重啊?"老公气喘吁吁地说:"整个世界都在我背上,你说重不重?"

每个女人都有扛不住的情话……

有的人不会说话——

情人节,和老婆逛街,一个卖花的小孩子说:"叔叔,叔叔,买朵花送给姐姐吧。""是哥哥!"小孩子马上领悟了:"叔叔,叔叔,买朵花送给哥哥吧。"

孩子,你是怎么活到这么大的?

明哥小时候,几乎一样年纪的孩子,都听老爸老妈说过,"谁谁家小谁特别会说话",会说话,不一定招人喜欢,但是不会说话,一定惹人讨厌。

以前打劫,是"此路是我开,此树是我栽,要想过此路,留下买路财",现在经过文明的洗礼,变成了"前方500米有收费站,请减速慢行";以前东北话说"滚犊子",现在经过岁月的变迁,也进化成了"奔跑吧,兄弟"。

如果你已经过了餐桌上有只鸡就一定能吃到鸡腿的年纪,就有必要学会说话。

针对面试的交流沟通,明哥着重提醒4点:坦诚、肯定的回复、保持幽默感、倾听。

1. 坦诚

时而有人和我抱怨,"明哥,你说招聘的这帮人是不是有病,我简历上明晃晃写了是应届毕业生,偏偏要问我有什么工作经验……"

相信面试官应该个顶个的眼神比明哥好使，为什么明知故问？

因为他们想看的不是答案，而是通过你的回答判断你的性格。如果你胡编乱造有的没的一顿乱说，那么你肯定会在以后的工作中虚以应付、敷衍了事。

多年前，明哥的一个朋友来兄弟连招聘，带了新招的部门员工，一名刚毕业的大学生。当年这朋友在一家知名的互联网公司工作，几乎不招应届毕业生，吃饭时我就好奇地问这小伙子："你是怎么混进来的？"他说："我也不知道，当时面试，我们老大就问我，这个会不会，我说会，他就在记录上打个钩；这个会不会，我说不会，他就打个叉，多久能学会？三个月，哦，备注下；这个会不会，不会，多久能学会？打死也学不会。"是的，你看到这里，和明哥当时的反应可能是一样的，但是朋友觉得这小伙子实诚，后来综合比较几个候选人，他被聘用了。

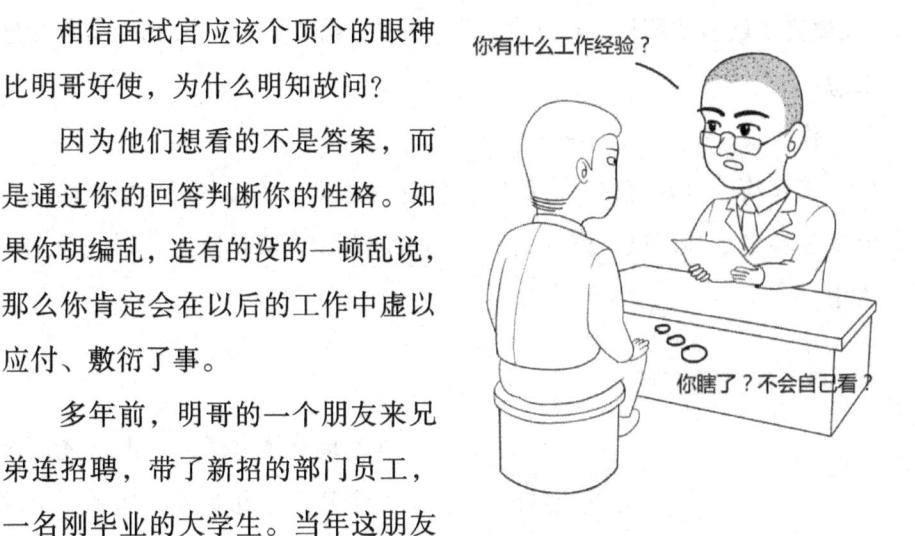

坦诚，更容易赢得别人的好感。

明哥不说得那么高尚，但是如果你不能把谎撒得和真的一样，就尽量说真话吧。

2. 肯定的回复

结婚现场，司仪："祝二位喜结连理早生贵子，新郎，你有没有信心？""有。""有没有能力？""有。""有没有经验？""有。"……

这，就是思维的惯性。

所以，面试官问你"这个会不会？""差不多知道。""那个懂不懂？"

"大概齐了解。""那什么什么呢？""基本上明白。"……你猜面试官会怎么想？

你，就——是——不——会！

不要给面试官模棱两可的回复！这就是不会的代名词，要给面试官肯定的答案。与面试官建立信任，回答问题，要眼神坚定，语气及用词肯定。

3. 保持幽默感

招聘是个体力活，一天可能面试十个八个甚至十几个人，如果每个应聘者来了都和上刑场一样，面试如同审讯犯人，你猜，面试官会心情很美丽吗？

在影片《当幸福来敲门》中有个桥段，威尔·史密斯因未交违章停车罚款在家刷墙的时候被警察抓走了，第二天放出来后，约好的面试来不及回家换衣服，应聘时，面试官问："你的衣服穿成这个样子，我们为什么录用你？"他开了个玩笑，"因为，我裤子穿得还不错吧……"面试官哈哈大笑，结果可想而知。

记住，**越是能在紧张的氛围下开玩笑的人越是有自信的人。**

4. 倾听

女人如果问你："我男朋友又丑又笨，家里条件一般，爸妈都是小市民，你说我该不该分手？"千万不要上当，她这么问时，心里其实已经有了答案，问你不过是想帮自己下定决心，把道德愧疚推给别人而已。

学会倾听，你的朋友和你倾诉感情问题，只是需要一个倾听者，她把郁闷说出来，烦恼可以减半；她有高兴的事分享一下，喜悦可以加倍，如此而已。记住，她不需要一个判官。

很多求职者有一个错误的潜意识，面试时，我说得越多，面试官对我的了解就越多；对我的了解越多，我被聘用的机会就越大……很傻很天真啊，这之间没有任何必然关联。

有的面试官会无意甚至有意在面试过程中提及求职者某方面的不足，结果有的年轻人就绷不住了，没等人家说完就打断对方说话去解释……想象一下，明哥和你还有几个人一起聊天，我这人爱吹牛啊，聊得正嗨，你打断了我一下，我心里暗暗记住，第一次；然后继续吹，好不容易又嗨起来了，你又打断了我一次，第二次；我重振旗鼓又继续吹，你再次打断了我，第三次，我把刀掏出来了，你到底想干啥……

没有人喜欢说话被打断，面试官更是如此，让对方把话讲完，这是一种能力，更是一种修养。

每次辩论完都会觉得很后悔，总觉得哪里没发挥好，为什么？因为你在忙着不停地讲，而不是边听边思考，然后再说。

虽然我不喜欢你说的话，但是我誓死捍卫你说话的权利，做一个好的倾听者。

关于"言"，明哥最后分享一段话：

刻薄嘴欠和幽默是两回事；

口无遮拦和坦率是两回事；

没有教养和随性是两回事；

轻重不分和耿直是两回事。

3.8.2 "行"的4点建议

记得明哥上初中时学老爸抽烟，时而皱眉，时而叹气，时而目光深邃地望着前方，指尖烟雾缭绕，衬托出我是一个饱经沧桑的男人……

不论多么成熟的男人，都有过不堪回首的过往。

"行"就是表情举止，是最本质的心理状况反应，面试官可以借此对求职者做出判断。双手抱胸，身体后仰，是下意识的退缩和躲闪，他可能在说谎；眼神不集中，左顾右盼，双手反复摩擦，证明其害怕、焦虑；撇嘴是不屑，挠头是不知所措，手扶眉骨是羞愧，咬指甲是缺乏安全感……你的表情举止会出卖你。

面试中的"行"，明哥也给出以下4点建议：眼神交流、保持微笑、握手、电话。

1. 眼神交流

来，你随意掏出钱包里一张毛爷爷，脑袋里想一下这首歌："是你多么温馨的目光，教我坚毅望着前路，叮嘱我跌倒不应放弃……"感受一下毛爷爷的眼神。

和一个人相处久了，一个眼神就能知道他想干什么。小时候明哥考试考砸了，回家一看我妈，我就知道她要打我；回头再看我爸，从他的眼神中我就能看出来，他帮不了我……

眼睛是心灵的窗户。

有的求职者，面试时不敢看面试官的眼睛，要么弄得和低头认罪伏法似的，要么好像满地找东西想捡钱似的。要和面试官有目光交流！

但是，有目光交流不是一直盯着面试官的眼睛看，你那是看上人家了……

什么时候盯着对方的眼睛一直看？一种情况是两个人怒目相视，恨不得拿着菜刀拼个你死我活；另一种情况是小情侣没羞没臊、含情脉脉。

其他时候，很少会盯着对方的眼睛看。

一般陌生的关系，比如面试，看发际线到两个肩膀的大三角的范围，在这个范围内，你看任何地方，对方都会觉得你在注视他。不过即便这个范围，也不能一直盯着看，这还是有"看上了"的嫌疑。简单来说，就是需要的时候看。参加面试，和面试官握手的时候看一下，递简历的时候看一下，回答问题的时候看一下，说话强调重点的时候看一下，道别的时候看一下……就行了。

2. 保持微笑

有句话说，每个男人的记忆中都会有一个笑容明媚的姑娘。

还有句话说，爱笑的姑娘，运气不会太差。

这话多少有点道理。进来一个面试的，满脸阶级斗争；又进来一个，脸绷得和苦瓜似的；再来一个，好像你欠他 800 块三年没还……你们能不能考虑一下面试官的感受？面试面得都抑郁了。

保持微笑，这是一种基本的礼貌，也是自信的展现。不要弄得那么苦大仇深，好像不成功便自宫似的，面个试整得像杨白劳要去见黄世仁一样……

行为会作用于情绪，时常保持微笑的人，才会碰到困难勇于面对、敢于解决，乐观的人大多爱笑。悲观和乐观的区别是：悲观的人总想"我该埋怨谁"，乐观的人总琢磨"我该怎么解决"，努力搞定后自信心得到提升，会变成一种良性循环。

更何况，在成年人的世界里，有时，笑只是一个表情，与快乐无关。

3. 握手

在面试过程中，最常见的礼仪交往行为可能就是握手了。

首先，第一个问题是：谁先伸手？商务礼仪讲究尊者为先，谁是尊者呢？长辈是尊者，领导是尊者，异性交往女性是尊者，所以面试官不伸手，你不应该先伸手；人家女孩子没伸手，你先伸手，你要干什么？想要流氓啊？

其次，握手的力度，标准要求是，两千克左右，你要是能当上外交官，你就买个两千克的握力器天天练着，否则，基本上别太轻或别太重就成了，太轻显得没诚意，太重，咋的？哥们你是碰到情敌了？握手的时间同样别太长或别太短，太长就握出别的味道来了，太短显得不够热情。

最后，注意一些禁忌。例如，握手的时候，不能戴手套、戴帽子，尤其不要戴墨镜，也不要一只手插兜，不礼貌。

4．电话

想象一下这样的场景：

面试聊得正情投意合、你侬我侬，"你是我的小呀小苹果，怎么爱你都不嫌多"，你的彩铃响了……哎哟，小伙子手机不错啊，喇叭声音还挺大。就好像相亲现场郎有情妾有意，正要发生故事时，主持人端着盘臭豆腐过来了，什么氛围都没了……更有不懂事的孩子，手机响了，和面试官说"对不起，我接个电话"，这电话是习大大打过来的吗？

这是对面试官最基本的尊重，面试这么严肃的场合，就算不关机，起码要调成振动或者静音，没那么紧急的事情，不要打断面试过程。

如果长得漂亮，则还可以卖卖萌。一个漂亮的小姑娘迟到了，见到面试官，说声抱歉，冲他吐了吐舌头，面试官一下子心就软了。如果是明哥这样的，也学她吐吐舌头，估计面试官就咆哮了："你是哈士奇吗？"

相比一个人的仪容仪表，言行举止更能体现性格和修养。生活中也是如此，喝了点酒，就像土匪下山了似的，那叫一个策马奔腾……没喝酒之前，他是东北黑龙江的；喝完酒之后，东北黑龙江是他的；给他一箱纯生，他能吹到你开始怀疑人生……

一个人的气质，藏在他走过的路、读过的书和爱过的人中。一个人的做事风格，就像标签贴在脑门上一样，在一言一行中都会流露出来，别人在与你的短暂接触中会对你有一个评价，好的或坏的，这有时也决定了求职的成功与否。

3.9 面试的情绪控制

有的面试官的言辞或行为可能会激怒你。

你恨不得当场掀了桌子，一脚把他踹倒在地，冲他吐口水、弹鼻屎，往他嘴里塞袜子，"何事长向别时圆，我会天马流星拳"。或者，出了应聘公司在门口悄悄蹲点，等这家伙下班落了单，一麻袋扣住他，拳打脚踢上演全武行，"做了好事不留名"……

本节明哥就聊一聊当你碰到这种情况时应该怎么办。

3.9.1 面试官为什么刁难你

他之所以这样做，第一种可能是，这家伙纯属故意。
这也是面试常用的手法之一：压力面试。

压力面试，是指面试官故意制造紧张气氛，观察应聘者在压力情境下的反应，故意提问一些使应聘者感到难堪或不舒服，或者应聘者不愿回答的问题，来考查应聘者的情绪控制能力、灵活应变能力和心理素质等。

"你的工作经验并不符合我们的职位要求，怎么还要应聘这个职位呢？"

"与其他应聘者相比，你表现得好像不怎么好，你觉得自己哪个方面有明显不足？"

"你的主管多次无缘无故地批评你，你该怎么办？"

"你在过去两年换了4份工作，你不觉得这是一种不负责任和不成熟的行为吗？"

"同事把他该负担的工作都推给你做，你会如何处理？"

……

面试官故意提出一些刁钻的问题，甚至否定你的面试成果，打击你的自信心，看你会不会乱了阵脚，试探你是否容易被激怒，以此来考验应聘者的心理素质。如果你明显地表现出悲观沮丧、消极沉闷，回答问题时语无伦次、言辞含糊，就中了面试官的"圈套"……

压力面试通常用于需要承受一定心理压力的职位的应聘者。面试官可能提问时会不礼貌，甚至会冒犯应聘者，心理承受能力不强的应聘者会感到生气甚至愤怒进而做出异常反应，而心理承受能力较强的应聘者会应对自如、表现正常。

首先要保持镇定。

"认真你就输了"，被突如其来的质问给吓住，那就失败了，要对自己有信心，保持微笑，淡定一点，不能因为别人的否定就自乱阵脚。"他强由他强,清风拂山冈。他横任他横,明月照大江。"

确定并坚持自己的见解,面对面试官无理的挑剔,要心平气和地解释,要显得有耐心和涵养,而不是愤怒和据理力争。同时还可以提出反问,如"您觉得我哪方面的表现需要改进?"

世界如此美好,不要太过急躁。

总之,面试官想要看到的应聘者应信心十足、临危不乱、心态平和、耐心细致……

压力面试问题案例剖析

案例一:"如果我们公司这次没录取你,但过段时间,被录取的人没能通过试用期,这时再通知你,那么你会来吗?"

错误答案:

先心里暗暗问候下对方家人,"这是让我当大号备胎啊"……

"现在没录取我,说明你们不看好我,我来了也没什么意思。"

"为什么我还要再来?我又不是找不到工作。"

"我不想等待,再说那时我可能早就被其他公司录取了。"

正确姿势:

"呵呵,这说明我是一个替补队员啊,不过能给一个强队当替补,也是很光荣的事,我肯定会高高兴兴地来。再说了,主力也都是从替补干起来的,作为替补我会付出比主力更大的努力,为公司做出我的贡献,争取早日成为主力队员,回报公司给我的这次机会。"

你这么说,没准现场就被录用了。面试官其实是想通过这种方式看看你对应聘公司的认可程度,顺便考查一下你的性格。

案例二:"如果我们给你的工资没有达到你简历上的要求,那么你还会来吗?"

错误答案:

"那我大概不会来了,我认为我的要求并不高。"

"这是我的底线，如果达不到，我可能就会考虑其他公司了。"

"如果这样的话，我要考虑一下。"

正确姿势：

"工资是我需要考虑的一个问题，但公司更是我需要考虑的问题，我更看重一家公司的发展前景以及我在公司的发展平台。在我这个年纪，我觉得前途比薪水重要。再说，我相信只要我的能力达到公司的职位要求，公司也不会给我比别人低的工资。"

压力面试是面试官的常用套路，作为求职者应当明白这一点，事先有心理准备，别一遇到这种情形就不知所措了。如果你面对这种情况神态自若、沉着冷静、从容应对，变被动为主动，化不利为有利，面试官就会对你刮目相看。

3.9.2 碰到了不讲理的面试官怎么办

第二种可能，你很不幸，真的碰到了不讲理的人。

碰到一个自我意识澎湃的主，说话难听、尖酸刻薄、不尊重别人，完全不顾及你的感受，胡乱下定论，言辞中透露着轻视……林子大了，什么鸟都有。面试就像相亲，难免会碰到一些奇葩和人渣。

如果你不幸面试时遭遇这种情况，明哥唯一的建议就是：锻炼自己涵养的时候到了！

生病在床，男朋友端来鸡汤，"宝贝，趁热喝了吧。"你感动地接过鸡汤，"味道真好，你什么时候学会做鸡汤了？"他淡定地说，"刚买了包香菇炖鸡面，我把面吃了，但营养都在汤里……"跟男朋友分手！闺蜜安慰你，"像你这么颜值高、身材好、温柔贤惠，出得厅堂、下得厨房的萌妹子，还愁嫁不出去？"你心情一下子就好起来了，"你也这么认为？"闺蜜说，"你信了就好，毕竟，我撒个谎也不容易……"这是赤裸裸的互相伤害啊。

你看，生活中也无处不历练啊。

碰到不讲理的人就像踩到狗屎，如果你不能让狗屎后悔，就尽快甩开它。如果嚎叫能够解决问题，驴早就统治了世界。控制情绪，温柔说话。毕竟，与禽兽搏斗只有三种结局：赢了，比禽兽还禽兽；输了，禽兽不如；平局，跟禽兽没什么两样。狗咬人一口，人不能反过来再咬狗一口，不好看，还埋汰。

做个有气度的人。挫折失败经历得太少，才会觉得鸡毛蒜皮都是烦恼。胸怀，都是被委屈憋大的，使我们痛苦者让我们成长。你去庙里看看，四大金刚都凶神恶煞，而佛永远是笑呵呵的。成熟就是要学会，越痛，越不动声色。

当然，明哥不是让你当忍者神龟，如果对方真是过分得紧，触碰了你的底线，比如，侮辱了你的家人，该发飙就发飙。但明哥建议，能吵架尽量别动手，如果控制不住自己，就去翻翻《治安管理处罚法》会对打架斗殴怎么判……

求职可能会是一段屡战

屡败又屡败屡战的旅程，尤其头一遭，你应该像弹簧一样，受的压力越大，反弹就应该越强；不能像橡皮泥一样，一压，分分钟扁了，一松手，变形了，还弹不起来了……

任凭风吹雨打，我自闲庭信步，永远不要丧失对自己的信心。

3.9.3 聊聊情商这回事

如果你想在职场混得好一点，那么明哥有一个简单的忠告：提高自己的情商。

现在有的年轻人情商太低，昨天和女朋友吵了个架，今天上班，所有同事看你都觉得不对劲，脸臭臭的和谁都不说话，做事情也不主动、不积极，情绪控制能力太差，不够职业，把家里的情绪带到公司来表演。学会先处理心情，再处理事情，有点委屈就全写在脸上，受点挫折就那个怂样，是干不成什么大事的。

在求职过程中，永远不要把上一场面试的失败情绪带到下一场，第二天太阳出来，一切都是新的开始。

任何时候都要记住，用体面的方式表达情绪，否则你的情绪就会被看轻，会被视作性格缺陷，没有人会注意你痛苦的原因及其背后的事件，成年人的世界，谁会在意你快不快乐，只会关心你有用没用；没有人会关心你飞得累不累，只会看你飞得高不高。

需要宣泄情绪，可以找个没人的地方，去痛快地喊一回，去

适当地哭一场；或者，找个好友倾诉一下，来一场激烈的球赛……

发脾气是本能，控制脾气是本领，在职场，你需要的是本领而不是本能。做个像石灰一样的人，别人越泼冷水，你的人生越沸腾。别人瞧不起你的时候，你需要的不是愤怒，而是努力，有一天获得成功，像一巴掌打在他的脸上一样，要多爽有多爽，要多响有多响。

每一次求职，都是一堂免费的人生课程，不管人家是故意试探，你是否能沉着应对；还是碰到不讲理的人，你是不是具备涵养，都是一种历练。祝君早日达到心灵洞开、花香月明、落霞孤鹜、岁月静好的澄明境界。

说到面试的情绪控制，其实，对面试官又何尝不是考验呢？

一个求职者在应聘现场。

面试官："你最大的缺点是什么？"

小伙子回答："诚实。"

面试官："我并不觉得这是一个缺点啊。"

小伙子马上开心地说："真的吗，死胖子？"

面试官：……

"哎，哎，您站起来干吗？"

"您抄凳子要干什么？"

"哎呀，别打脸！别打脸！"

……

3.10 面试的善后工作

面试到了尾声，可能是求职者精神状态最放松的时刻，面试前各种小紧张，面试中绷得像张弓，好不容易熬过了痛苦的阶段，最后松一口气，结果……功亏一篑。

演戏要演全套，有始有终，好的开始是成功的一半，好的结束则是画龙点睛。而面试后要做的收尾工作是"功夫在诗外"。

下面明哥聊一下面试善后工作的三件事：

（1）你有什么问题要问我。

（2）面试结束时应该说的那句话。

（3）面试后要做的善后事。

3.10.1 你有什么问题要问我

很多面试官对有聘用意向的求职者在面试结束前会问："你有什么问题要问我？"

这一方面是你更加了解这家公司及这个职位的好机会，另一方面也是表忠心、唱赞歌、展露自己优势的好时机。

1. 千万不要傻乎乎地说"我没有问题了"

别人问你"吃了吗"，实际只是打招呼，你说"没吃呢"，他也不会请客，只会说"那赶紧去吃吧"。要看到问题背后的潜台词！

面试官问你"你有什么问题要问我"，潜台词是"你还想了解什么才会留在这里"，换句话说是"你有多想在我们公司工作"。一般对没有聘用意向的求职者，面试官才懒得讲这句话，恨不得赶紧打发你走人。对你有点意向，面试官要确定两件事：第一，你能干这活不；第二，你有兴趣、有动力干这活不。

结果你回答"我没有问题了"，你居然不想知道更详细的、与切身利益相关的、在公司网站和搜索引擎无法获知的情况，看来你对我们公司这个职位的兴趣并不大。或者，你是一个"没想法"的人，头脑简单。

2. 也别一上来就问薪酬福利

关心待遇没错，但是你第一个问题问薪资，第二个问题问是否加班，第三个问题问有没有年假……这就非常不妥了……

其他的都不问，只问薪资，会让面试官觉得求职者非常功利，逐薪而居；直接问加班，面试官潜意识里就会认定你是一个拒绝加班的人。将欲取之必先予之，这种问题不是不能问，但是明哥建议提几个其他的问题之后再问，图穷咱再匕见，比较顺理成章。

少问以自我为中心的问题，会让面试官觉得你目光短浅或急功近利。

"如果我对职位不满意，可以申请调岗吗？"（还没上岗就想好退路了）

"贵公司之前的××危机事件已经解决了吗？"（你一定是缺心眼，一定是）

"公司对员工电脑有监控和网络限制吗？"（咋的，你想上班看小电影啊）

"进入公司多久有晋升的机会？"（这都是靠自己去争取的）

……

别问一些不恰当的张家长李家短的问题，也别问一些小鼻子小眼睛的问题，"中午带饭有微波炉可以热吗？"这种小格局的事不足以影响你的决定。

3. 别不走心地问很容易找到答案的问题

千万不要问一看公司网站就能得到的信息或网上一搜就能找到答案的问题，如公司的主营业务、产品情况、行业地位等，这明显暴露了自己没有提前做好功课，对应聘公司了解不够，就是随便来面试看看，没有很好的意向性。"长得丑不是你的错,出来吓人就是你不对了",不要自曝其短!

你问人家"贵公司是做什么的",面试官握紧了拳头忍了好几秒钟才放下了打死你的念头,"连我们公司是做什么的都不知道,你还来面试啥啊……"

可以多问与职位及部门、公司相关的问题——

"公司对我这个职位的期望是什么?"

"入职后是否有相关的职位技能培训?"

"为了更好地胜任这个职位,我还需要补充哪些技能?"

"团队成员有多少人?核心工作有哪些?"

"贵公司今后的发展方向是什么?"

……

问这样的问题,证明你"有兴趣、有动力干这活",让面试官觉得你有上进心,加入公司的意愿非常强烈,会增加对你的好感。

3.10.2 面试结束时应该说的那句话

可能你听到过表面看起来乐观向上、背后却无比悲凉的一句话是:"我们会通知你的。"

当面试官在规定时间内完成了所有面试流程后，总会礼貌地请你回去等候通知。一般来说，你会说声谢谢，然后不卑不亢、故作镇静地走开，然而事实上，你在回家的路上已经开始焦急地等待回音，就像一个没有经济来源的女人爱上了一个不回家的男人，就像一个单相思的小伙子在等待女神不知道什么时候会来的电话……这种感觉，很糟糕，是吧？

那么，我们可以在面试结束时说点什么呢？

"谢谢，很期望有机会与您共事。"

中规中矩，但然并卵，就是一句客套话。

可以在说"谢谢"之前讲一句变被动为主动的话，可能你的等待就不会漫漫无期了。

"我大概什么时候能得到贵公司的回音？"（礼貌地询问回复时间）

不要不好意思问！屌丝的命运是：碰到美女连话都不敢说，心里想的是，"算了吧，人家怎么能看上我"。然后，晚上一个人躺在床上，捶胸顿足、仰天长叹地恨啊，"我长得这么帅，怎么没女朋友"……你敢表现得更主动点不？

可能你得到的回复是"我们一周内会打电话和你确认"，记住约定时间，诚恳地对面试官表示感谢，挥手拜拜，拎包走人。

你得到的最坏答复是"你是一个好人"，不对，是"你恐怕不适合我们这个职位"，或"我们需要时间对所有的面试者进行综合评估"，你或许会落荒而逃，或许会有些失落，但至少这位面试官是诚实的，你可以重开炉灶、全力以赴，准备下一场面试。

还可以这样说——

"您认为我今天的面试还有什么需要改进的地方？"（给人感觉谦虚好学）

"您可以帮我介绍一下其他可能对我有兴趣的公司吗？"

前面明哥提到过当年碰到的这么一位，明知已经被拒绝，还执着地问了这样一个问题。大部分面试官都与人为善且愿意互相帮助，很可能他不需要你，而他的一位正求贤若渴的朋友刚好需要你，或许你会有一份意外的收获。

3.10.3 面试后要做的善后事

在一次面试结束后，首先调整自己的心情，全身心投入下一家公司的面试。切记，在没有接到聘用通知前，面试结果都是未知数，无论你面试的自我感觉有多么美好！

面试是一个双向选择，就像男女搞对象，在没有确定恋爱关系前，每个人都有选择的自由，这很正常，所以，在没拿到 Offer 前不应该放弃任何其他的机会。何况就算确定了恋爱关系但是还没结婚，都还有不少分手的，这也只关乎道德不关乎法律，相信每个 HR 都见过入职几天后拿到其他公司 Offer 又离职的……

在没有盖棺定论之前，一切皆是虚幻。

纵然面试未果，也自我安慰一下，咱是杨志卖刀，"此刀只卖识货之人"。人生就像向日葵，即使悲伤也要向着太阳，如果现在的结果很坏，那一定是还没到最后。

面试过程自我感觉较好，可以在临走前，尝试向面试官要张名片或加个微信，如果成功，则可以在面试结束后两三天内，发个信息表示感谢，可以加深他对你的印象，增加求职成功的可能性。感谢信的内容就是你的姓名和简单情况、你去面试的时间（提醒作用）、致谢，以及重申对公司和应聘职位的兴趣，再增加一些对求职成功有用的新内容（如面试中没发挥好的地方），最后再表表决心。越努力越幸运，多做一点争取性的动作，一个厉害的人，就是像傻瓜一样努力，然后来了一点运气。你必须非常努力，才能看起来毫不费力！

面试一两周后或在面试官许诺的时间到来时还没收到对方的答复，大多数时候就没戏了，很多 HR 在求职者众多的情况下，默认是聘用才会答复，没消息就是面试失败了。如果不死心，则可以发邮件或打电话询问一下，也不排除有的公司确实筛选周期较长，甚至真的是工作人员疏忽的可能性。

应聘中不可能个个都是成功者，万一在竞争中失败了，千万不要气馁，不要因为一次的面试失败而影响下一次的发挥，客观看待，这一次失败了，还有下一次，就业机会不止一个，关键是总结经验教训，找出失败的原因，并针对这些不足重新做准备，谋求东山再起。

事前猪一样，并不可怕，可怕的是没有事后诸葛亮。

记得明哥小学写作文，老师总是强调，结束要豹尾劲扫、响亮有力，求职与此，并无二致，你做好了开头，还要做好结尾，切不可虎头蛇尾、草草收场。

第 4 章

典型面试问题剖析

问问题是一门学问。

有人可能问得莫名其妙、不知所谓，有人可能答得吞吞吐吐、文不对题。

"怎么吃方便面最有营养？"

这是典型的伪命题，你都吃方便面了，还谈什么营养……

和女朋友逛街，她问你："我穿哪件衣服更漂亮？"

这是固定答案题，你唯一的回答应该是"都好看"。

相亲现场，女孩问："你坐公交车，会给老人让座吗？"

"当然让了。"

"你个穷鬼！还坐公交车，拜拜！"

这是套路题……

每次我老婆问："你爱我吗？"

明哥就知道，不是要刷碗，就是要拖地，或者洗衣服……

这是暗示性题目。

还有杀人于无形的怀疑人生题。

普通版："老公，我和你妈同时掉水里，你救谁？"

升级版："我生孩子难产，医生问你保大还是保小，你怎么回答？"

终极版："我生孩子难产，医生问你保大还是保小，这时候你妈跳进河里逼你保小，你怎么做？"

是不是瞬间感觉做人好难……

再来看一下回答的技巧。

明哥单身的时候，每次过年亲戚朋友问我："找对象没有啊？"

我都很机智地默默寻找他家小孩，然后亲切地问："期末考试考多少分啊？"

要知道，痛苦是需要转移的。

后来，别人给我介绍对象，人家姑娘问我："有车吗？"

我说："没有 100 万元以下的车。"

姑娘又问："100 万元以上的什么车呢？"

我破口大骂："你是不是傻？100 万元以下的我都没有，100 万元以上的我就更没有了！"

你看，蛮不讲理都可以这么理直气壮。

没有女朋友，怀才不遇的挫败感让明哥萎靡不振，过马路时没看红灯，差点被车撞到。

司机喊："你是不是找死啊？"

我说："知道还刹车！"

说完明哥就走了，留下司机在风中凌乱。

强大的逻辑性让对方哑口无言。

天下武功，唯快不破，真正的高手是在对方即将出手的那一瞬间判断出对方的意图，然后将对手击杀在无形之中。

举个最简单的实例。

明哥小时候："妈，我想……"

老妈："没钱。"

如果你问我："为什么要写《明哥聊求职》？"

我会回答你："因为思想流淌在心头和指尖。"

是不是突如其来的要帅让你猝不及防。

一问一答，皆有学问。作为求职者，你要知道，任何面试官提出的问题一定都有针对性，他们会通过你的回答判断你是否符合职位要求、是否能够胜任这份工作。

切记：没有任何面试官会和你闲聊天！

明哥用一个简单的面试问题考察列表来说明一下。

考察点	面试问题示例
求职动机	你为什么选择这份工作？
职业偏好	你习惯于单兵作战还是团队合作？
岗位胜任能力	应聘这个职位你觉得自己的优势是什么？
时间管理能力	你是如何准备这次面试的？
学习能力	你自学的方式和途径是什么？
人际关系	你的朋友和同事对你如何评价？
个性特征	你有哪些业余爱好？
自我评价	请说出你的三个缺点。
应变能力	你做了一件好事，却遭到别人误解，你会怎么办？
价值观	你认为自己做过的最失败的一件事是什么？

面试官问的任何问题一定有其指向性，直指你对职位的胜任能力或

职业素养。回答这些问题是需要技巧的，如果随意或盲目地回答，则只会导致应聘失败。

一位兄弟连老学员曾在明哥聊求职微信号求助，说面试到了最后，面试官貌似很随意地问："你结婚了吗？"回答："结婚有小孩了。"又问："你刚来上海发展，她们也一起过来了吗？"这位朋友说："没有，还在老家，计划稳定后让她们也过来。"

然后，这次面试就没有然后了……这样回答会让面试官担心你的稳定性，万一你入职后，过了几个月，老婆不想来，怎么办？在老家一哭二闹三上吊，你回不回去？

当然，也可能有这样的奇人异事……

面试官："你来应聘技术经理，以前有过相关的工作经验吗？"

"没有工作经验，刚从看守所出来。"

"哦？犯了什么事进去的？"

"那年我去应聘，当场被拒绝，捅了面试官一刀。"

"你真幽默，恭喜你，你被录取了！"

本章明哥将为大家剖析 20 个典型的面试问题，希望可以抛砖引玉，让大家了解面试时回答问题的"套路"，可以在面试中应对自如。

个人信息类

➡ 4.1 你为什么离开上一家公司

叶子的离开,不是树的舍弃,而是风的召唤。

你为什么离开上一家公司?	厕所蹲位太少!
公司妹子不多!	公司搬家没通知我…

明哥一个朋友,当年和女友正在热恋中,女友缠着他,让他讲讲和前女友初恋的事。这家伙一开始还百般拒绝,最后禁不住女友的软磨硬

泡，就很傻很天真地答应了。结果，刚开始讲，女友抬手照着他后脑勺就是一巴掌，"看你那副德行，还没开始讲，就一脸深情的贱相"……所以说，女人找茬的时候，智商仅次于爱因斯坦；女人发火的时候，战斗力仅次于奥特曼；女人发疯的时候，危险性仅次于藏獒。女人希望其他所有女人都离你远一点，包括你妈。为什么从上家公司离职和为什么和前女友分手是同样危险的话题。

如果你有工作经验，则从上家公司的离职原因几乎是面试官必问的问题，通过这个问题来进一步核实、了解你的情况，如你的职业取向、价值观、稳定性等。即便你之前的工作经历和当前应聘职位毫无关联，面试官也希望知道你为什么转行。

如果你说："上家公司的部门主管在我做错事时总批评我，所以一气之下辞职了。"

这说明你的抗压能力有限，难道他不批评你还赞美你"犯错犯得很有水准"？

如果你说："因为上班从家到公司需要40分钟，太远了。"

你说两个小时路程面试官还能认可，40分钟都觉得长，他可能就无语了……

如果你说："世界那么大，我想去看看。"

多么清新脱俗的理由啊，不过现在是不是"钱包那么瘪，我还得工作"？

可能还有"上家公司附近的外卖都吃腻了"这种奇葩的理由……

提前想好如何回答，这是面试前必要的准备。

1. 那些糟糕的答案

"以前公司薪资太低，所以我离开了。"

典型的逐薪而居，简单来说就是只关心钱，谁给钱多我就去谁那儿。把工作仅仅当作付出劳动力得到金钱的关系，会让面试官感觉你太看重短期利益而非个人成长,没有把工作当作事业在经营。尽量不要用薪资作为辞职的理由,或者至少不要把薪资作为辞职的唯一理由,虽然有的时候可能真的是因为薪资太低。

可以从自身职业发展的角度去讲,如你的职业目标和之前所从事的工作相背离。不要说因为过去工作压力太大(这家公司未必压力不大)、和主管或同事相处不愉快(一个巴掌拍不响)、想改变一下职业方向试试(拿我们当小白鼠练手?)之类的理由。

"上家公司,老板是笨蛋,主管是傻瓜,所以我不干了。"

那家公司你工作了一年半,和笨蛋、傻瓜共事了这么久而且职位还比他们低……能证明什么?只能证明你还不如笨蛋和傻瓜,对不对?

说别人不好不能证明自己好,贬低别人永远抬高不了自己。就算打断别人的腿,你自己也不会走得更远;说前任有多么不堪,其实就是在诋毁当年的自己,他有多渣,当年的你就有多瞎。千万别犯这样的错误,别抱怨以前公司的人或事,像个怨妇一样诉说上家公司的种种不是。这样做,面试官会担心:你到了我们公司会不会也这样抱怨?会不会因为同样或类似的问题再离开我们公司?

明哥之前服务过的公司都挺好,我一定要这么说,这样才能证明我也挺好!

基本的原则:离职时跟原老板可以谈谈公司的问题,应聘时跟新公司多谈自己的问题。

不要说前公司的不好,只能说那份工作不适合自己。没有坏工作,只有适不适合自己的工作。如果你买过鞋,就应该知道"喜不喜欢和合不合适是两回事"。

网上曾流行一段话:"员工离职原因有很多,只有两点最真实,一是钱没给到位,二是心受委屈了。"有没有道理?有!但是,钱给多少是到位?心受委屈了怎么受的?明哥只知道,没有人会嫌钱多,没有公司会所有人迁就你。会不会是你实力不够？会不会是你不善沟通？因为钱少而选择跳槽，因为工作环境差而离职，永远不是特别明智的理由。

"因为你们是我仰慕已久的大公司，加入你们的队伍是我的梦想。"

不要赤裸裸地拍马屁或表忠心，会让别人觉得很假、很虚伪、很肉麻，把对方和自己都恶心够呛。不卑不亢，你是个人才，人家聘用你，是希望依靠你创造价值，不需要谄媚。

2. 可以被接受的离职原因

归纳汇总起来，一是求发展，二是不可抗力。

1) 求发展

"事实上，离开上一家公司对我来说是比较痛苦的选择，我与领导和同事相处得很好，通过我的努力，也取得了大家的信任，他们不愿意让我离开。但我心中一直希望自己在这个领域有所发展，客观原因，在上一家公司不具备这样的机会，所以我只好做出这个选择。"

强调个人发展需要，不要归咎于他人。要让面试官相信，你在上一家公司也是工作出色、人际关系良好，只是为了个人的理想和追求，才不得已离开。如果渗透出"问题在你个人"，那么面试官就会揣测，你会不会因为同样或者类似的原因离开我们？

顺水推舟说一下，现在应聘的工作可以发挥自己的特长，而且自己也比较感兴趣，是一份适合自己的工作，这样说面试官会觉得这份工作确实对你有吸引力，会放下戒备心理。

2) 不可抗力

离职理由应该根据每个人的真实情况来设计，回答时一定要表现得真诚。除了求发展，再就是不可抗力原因的离职，如因为家中有事，需请假两个月，公司无法准假，无奈只好辞职。这个答案一般面试官也能接受，也就是不可抗力。一定要强调是突发事件，且不得已必须回去处理，否则对方也会有所顾虑。

每天路上两个半小时，起得比鸡早、睡得比狗晚，不想把自己的人生献给地铁和公交；男朋友来这个城市发展，异地恋不靠谱，我选择了夫唱妇随；公司破产，老板跑路，心有凌云志，奈何平台散……诸如此类的不可抗力原因，不会加分也不会扣分。

但在职业选择上，主动出击还是比被动接受要好。所以最能让人接受的是展现积极一面的回答，就是求发展。

总之，要让面试官相信，你之前的离职原因在应聘公司不存在；不需要把离职原因说得太详细、太具体，简要几句说明情况就好，言多必失；但也不要躲闪、回避，以"个人原因"、"想换换环境"等说辞搪塞；不要掺杂主观的负面感受，如"工作太辛苦""人际关系太复杂""管理太混乱""公司不重视人才"等；不要涉及自己负面的人格特征，如懒惰、缺乏责任感、没有团队合作意识等。

尽量让解释的理由为个人形象添彩。

同一个面试问题并非只有一个答案，而同一个答案并不是在任何面试场合都有效，关键在于掌握了规律后，对面试的具体情况进行把握，有意识地揣摩面试官提出问题的心理背景，然后投其所好。

同时还要看公司的文化，有些原因在这家公司能够被接受，但是在另外一家公司就可能不被接受。不管你怎么回答都有一定的风险，因为面试官还会追问下去，因此你还必须准备好对你当时有利的解释。

无论如何，频繁换工作的人，离职原因怎么说都会被面试官怀疑，所以工作最好别换那么频繁，或者简历上别体现得那么频繁。

4.2 你有什么业余爱好

视其所好，可以知其人焉。

春节亲戚见面寒暄最多的一句话，年前是"什么时候回来的"，年后是"什么时候走"。记住，其实人家只是随口问问，不是真心想知道，不要太认真，随口回回，"前两天回来的""过两天就走"，就行了。这种问题是不走心的，但也有的问题是走心的。相亲时，女方直接问男方是否有房有车，就显得太浅薄了；如果问"你家小区停车费一个月多少钱"，就含蓄多了。

有时，面试官在问了一系列富有挑战性的问题后，一脸轻松甚至面带笑容地问你："平常有什么业余爱好啊？"这是走心还是没走心的一个提问呢？如果你以为这是要开始和你闲聊天的节奏，那你就很傻很天真了……

1. 面试官想看出来什么

记住,面试官的时间都是宝贵的,不太可能问你没有目标指向性的问题。

业余爱好,能反映求职者的个性、喜好、品德、心态等,借此可以侧面了解求职者人格结构的完整性和生活的丰富性。

如果没什么兴趣爱好,业余生活很单调,那么求职者的人格结构就可能有缺陷。相反,一个业余生活丰富多彩的人,他从生活中得到的乐趣和成就感会更多,从而对本职工作起到积极有效的支持作用,而且工作中产生的疲劳与压力也可以在业余生活中得到调整和缓解。

所以,第一,不要说自己没有业余爱好;第二,不要说庸俗的、令人感觉不好的爱好,吃饭睡觉打豆豆,打麻将,打游戏(除非职业与游戏相关);第三,不要真当成闲聊天,爱好广泛说明你是一个热爱生活的人,但你是来面试的,不是来展示你生活丰富多彩的。一口气向面试官介绍了多个自己的爱好,面试官没法判断你和应聘职位及公司文化的匹配度。所以,有取舍地陈述,爱好说一两个、两三个即可。取舍的标准是:与应聘职位有匹配。比如,应聘程序员,可以说爱下象棋或围棋,说明你爱动脑子、善于分析、逻辑性强,面试官会认为业余爱好上乐于钻研的求职者对于本职工作也一定有助益。

看似随意的问题,其实都暗藏杀机。如果你长得骨瘦如柴貌似弱不禁风,这时候面试官问你有什么体育运动方面的爱好,他可不是想寻找球迷,而是想从侧面了解你的工作精力和活力以及身体健康程度。

2. 我们该怎么回答

回答面试官的这个问题,需要注意以下 4 点。

1)回答真实可靠

一方面要有现场感,永远不要忘记你在面试;另一方面要聚焦,这样就有了回答这个问题的基本思路。"我最喜欢的地方是办公室！我最爱的度假形式是出差！我最想在淘宝买的东西是 PPT 模板！"不要试图挑战面试官的智商！还有人爱瞎动脑子，去"创造"爱好迎合面试官，结果往往一不小心就掉到陷阱里了。真的假不了，假的真不了。当你开始介绍自己的爱好时，就要想到面试官会就这个具体的爱好进行深度追问。你答不上来就是造假，谎言一旦被揭穿就难看了。

2）避免太险或太闲

爱好不要太危险，如喜好探险，没事就来一次说走就走的骑行去趟西藏。聘用一个"探险家"，一旦有了意外情况，哪怕是在公司非经营时间，都需要去解决，人力财力损失惨重。对于公司而言，员工的很多爱好都有可能成为潜在成本，面试官会评估这种风险。

太险的爱好是一种极端，还有一种太闲的爱好，比如，养宠物、养鸟、养鱼、养花，面试官可能会给你贴上"毫无斗志"的标签。你二十多岁一大小伙子，天天晚上去跳广场舞，你真以为大妈会把闺女介绍给你啊？

3）给对方正面联想

不要说自己的爱好就是在家听音乐、上上网、打游戏、看小说，这是标准的宅男，会令面试官产生应聘者性格孤僻、不合群的感觉。如果你说从小就练习书法，直到现在还经常参加各种书法比赛，面试官就会对你的毅力及书法艺术的修养肃然起敬。

最好在面试前做做功课，了解一下公司的文化，如果其崇尚狼性，你就说喜欢打篮球斗牛，正好迎合面试官的口味。可以适当用一些户外活动来"点缀"你性格开朗、充满活力、热爱大自然的形象。比如喜欢长跑，现在还坚持晨练而且成绩也比较好，会让面试官认为你有毅力、耐力、竞争意识强。

4）爱好勿成嗜好

凡事过犹不及，爱好也要有度。和面试官讲爱好的时候，记住讲到适度为宜，不能把爱好讲成嗜好。比如，应聘销售职位，你可以和面试官说你喜欢喝酒，讲讲中国的酒文化，但你不能说你每天不喝不行，早上起来吃个包子都得来个红牛兑二锅头，江湖人称"小二放牛"，曾经喝大了昏睡了一天半，凌晨被抬去医院吊水……面试官直接就认为你是酒疯子，有瑕疵啊。爱好和嗜好，一字之差，但是在面试官这儿，就是天堂和地狱的区别！

再者，禁忌褒扬自己的爱好，贬低自己爱好之外的情趣，这会让面试官感觉你随意攻击性太强，不宽容，胡乱开炮。你说不喜欢游泳，因为觉得泳池里的水脏，可能有人是香港脚，有人会随处吐痰，甚至还有人偷偷在里面小便……如果面试官正好喜欢游泳怎么办？不作死就不会死啊。

如果一个人下班后就知道柴米油盐，那么他应该是一个家务型的人，缺乏情趣和格调，也许会难以沟通。而过于重视业余生活的人，也可能会太爱吃喝玩乐，有不务正业之嫌。因此，在回答这类问题时，应该不温不火，既要显示自己的情调与修养，又要展现自己的事业心，以此为原则说明实际情况。

4.3 谈谈朋友对你的评价

朋友眼中的你，是一个更为真实的自己。

典型面试问题剖析 第4章

> 谈谈你身边朋友对你的评价

> 他们都说我好吃懒做不思进取……

> 明明可以靠脸吃饭偏要靠才华~

> 这玩意没评过啊，我也没啥朋友……

如果你老大不小了还是单身狗，则可能会碰到一件很尴尬的事情：老妈和七大姑八大姨热情地给你介绍对象。坐下一看，对面坐着那位，先别急着埋怨，记住，别人给你介绍什么样的人，你在她们心目中就是什么样。

朋友对你的评价，就是别人对你的认知，面试官通过这样的提问可以看出你的性格、心态、品德、喜好等，还可以看出你的人际关系和沟通能力等方面的情况。有什么样的老师就有什么样的学生，有什么样的家长就有什么样的孩子，你有什么样的朋友你就是什么样的人，"物以类聚，人以群分"，你身边的朋友对你的评价，往往更加真实。

明哥聊求职

1．错误的回答

回答这类问题，有的求职者会纠结：说好的方面呢，还是说不好的方面呢？

明哥的建议很简单，就像写简历这样的正面材料一样，你要说真话，但是没有必要说出全部真话。写个入党申请书，连小时候去隔壁村地里偷西瓜都写上，这没必要。体现与求职有相关性且积极向上的部分即可。

千万不要说自己没什么朋友，一个人如果连朋友都没有，则说明自我封闭，人际关系有问题，沟通能力肯定不怎么样，团队合作意识必然缺乏……面试官一定会做出这样的判断。一个人的专业能力固然重要，但是为人处世也非常重要。

不要说会造成面试官对你负面联想的评价。

"朋友说我粗枝大叶，不思进取，做事情有头没尾，比较马虎，不太细心……"

谁给你的勇气？梁静茹吗？不思进取、马马虎虎这样致命的缺点，打死也不要说出来！

不要说和职位没有契合度的评价。

拍着胸脯一脸江湖地说："哥们都说我讲义气，打架骂人随叫随到。"这是出门忘吃药了啊……你是应聘一份正当的职业，不是去当古惑仔，除非去给老板做保镖或当打手，否则这样的"优点"可能意义不大且会适得其反。

再者，不要说得太"虚"。

"他们都说我一表人才、能文能武、见多识广、秀外慧中，是他们指路的明灯、学习的榜样……" 你这么厉害你家里人知道吗？你不应该来应聘，找个教堂直接当神父帮助更多的人去吧。过犹不及，要让面试官觉得真实可信。

2. 婉转表述自己的优点

应聘技术类的职位，可以说："我的朋友都说我做事情很执着，喜好钻研，定了一个目标就会坚持去实现，很有毅力。"或者，应聘销售类的职位，可以说："我喜欢交朋友，他们都觉得我比较随和好相处，能够为别人考虑，做事比较细心。"描述的优点最好和职位有契合度。

或者没有明确指向性的回答："朋友都说我是一个可以信赖的人，一旦答应别人的事情，就一定会拼尽全力做到。如果我做不到，那我从不轻易许诺。"说明了自己的诚信，这家公司无论有什么样的文化，都会喜欢员工诚实有信用，这是对人的基本要求。

朋友对你的评价，最好说的是事实，你可以"源于生活稍微高于生活"，但是不要发力过猛回头闪了腰，且要做好被面试官追问的准备。朋友都说你很有信用，那你说一件可以证明你讲信用的事吧，讲不出来……那就是撒谎、瞎说。

回答这个问题的首要原则是：能证明你的能力或为人处世。当然，人无完人，你也可以把自己一些无关紧要的小毛病说一说，也无伤大雅。比如，一个女孩子说自己比较爱美、喜欢打扮，这也不是什么坏事，爱美之心人皆有之，美就是生产力，相信也没有人喜欢一个天天蓬头垢面来上班的女同事。

回答时尽可能凸显你针对应聘职位的优点或优势。比如，兄弟连的一位学员去面试，说："朋友很佩服我可以为了自己的理想去拼搏，我在兄弟连学习，四五个月的时间，几乎每天敲代码到凌晨两三点，但我从未懈怠和想过放弃……"这就是很大的面试加分项。

总之，回答"谈谈朋友对你的评价"这个问题，要有的放矢，回答的内容最好和求职相关，正面积极、真实可信，能证明自己的能力或为人，凸显自己的品德或为人处世的原则，赢得面试官的好感。

性格特征类

4.4 你认为自己最大的优缺点是什么

知人者智，自知者明。胜人者有力，自胜者强。

（漫画四格：
- 女面试官："你认为自己最大的优点是什么？"
- 肌肉男应聘者："能吃能睡，身体强壮，闹铃一响，按时起床！"
- 男面试官："你觉得自己最大的缺点是什么？"
- 男应聘者："工作嗷嗷拼命，加班从不嫌累！"）

明哥在外吃饭，邻桌一对恩爱的小情侣，男的是个小帅哥，很贴心地喂妹子吃菜，秀恩爱，你懂的，就是自己感觉噢噢幸福而单身狗看着特别受伤害那种，妹子很煽情地问了一句："亲爱的，你除了喂过我，还喂过谁？要说实话哦。"帅哥想了想，神情特诚恳地来了一句"还喂过狗"……有些问题，一定要想清楚了再回答。如果面试时 HR 问你"你觉得自己有什么缺点"，你很耿直地回答"总想不劳而获"，那估计你们是不会发生什么故事了。

"谈谈朋友对你的评价"，是别人对你的认知；而"你认为自己最大的优缺点是什么"，则是你对自己的认知。

人最难的事情是认清自我。多年前，明哥曾经做过一个测试：写出自己的五个优点和五个缺点。你不妨也试试看，如果自己写不出来，就找你最好的朋友，旁观者清，你的死党或闺蜜看到你的人想到你的名字，最先想到的几个形容词，就是你的优点或缺点，非常准。

面试官问这个问题，第一，可以看出求职者的自我认知。对自身的了解和自我评价，是判断求职者是否成熟的一个方面。同时，面试官可以将求职者所述和自己分析的进行对比，判断求职者是否诚实，对自己是否有较为客观的认识。第二，可以看到你的性格与职位的匹配度。应聘财务工作，说自己"粗心大意，不拘小节"，这还能有戏吗？应聘客服工作，主要与人打交道，说自己"性格内向，不善言辞"，估计就分分钟歇菜了。

1. 回答的禁忌

1）不要说自己没有缺点或优点

"我最大的优点就是没有缺点，我最大的缺点就是太过完美"，你……咋那么牛呢……金无足赤，人无完人，没有缺点其实就是最大的缺点，这种回答存在严重的问题。给出这种答案的人一般就两类：一类是对自己缺乏全面的认识，只看到自己的优点却很少关注自己的缺点；另一类是明知自己的缺点却不去面对，为博取好感，对缺点避而不谈。

简单来说，没有缺点，要么是无知者无畏，要么是想瞒天过海。

一般不太可能有人说自己没有优点，这就太缺心眼了……但不要讲了一大堆自己各种"好"却没有重点。时刻保持现场感，你是来面试的，不是来相亲的，并非优点说得越多越好，尽量不要超过三个。另外，不要讲和职业没有任何匹配度的优点，如应聘职位非重体力劳动，"身体强壮能吃能睡"这种事，不说也罢。

2）所述缺点不要与应聘职位有明显冲突

应聘设计师，说自己最大的缺点是缺乏创新精神；应聘销售，说自己最大的缺点是自信不足容易紧张，这都应该拉出去枪毙五分钟，这是自杀式回答！明哥曾经面试一个助理，她说自己最大的缺点是不喜欢做琐碎的工作，我当时就崩溃了，那你来应聘助理干吗……我只能说这个求职者人不错，够诚实，但不适合这个职位。

描述自己的缺点不要与应聘职位有明显的冲突，更不要说致命的缺点，比如小心眼、好嫉妒、爱偷懒、脾气大……哪个面试官脑袋被驴踢了才会录用你。

也不要避重就轻，谈一个明显算不上缺点的缺点，比如，我熬夜会困（谁熬夜不困？），待人接物太客气了（你觉得礼貌是负担？）。这等于没回答面试官的问题，而且面试官也有一种智商被低估的侮辱感……

也不要谈与职位不相关的缺点，比如，不会做饭还比较挑食。亲啊，对面坐着的是面试官，他未来可能会是你的同事，但不一定会是你的老公啊。

3）忌讳明说缺点、实说优点

"我的缺点是太过于追求完美，以至于给我以前的很多同事都造成了不小的压力，在以后的工作中我将极力改正……"

明哥再次郑重提醒一下：永远不要试图去检测面试官的智商！类似

这种，或者"干起活来太拼命不注意自己身体"这类的缺点太过于虚假，这么一个回答抛出去，对方要么觉得你不能正确认识自己，自我意识差；要么觉得你不认真严肃，在故意讨巧耍小聪明。

记住，有时候面试官不挖到一点料也会很不爽的。

2．如何描述自己的缺点

坦诚地说出自己的缺点，给出自己的感受以及改进办法，但不要把自己的缺点一股脑都倒出来。问："你觉得自己有什么缺点？"答："懒笨馋凶矮胖圆。"这人还能要吗……

说的缺点不要太多，一定要避开雷区，别撞在枪口上。最好你回答的确实是缺点，但对你接下来的工作影响不大，再顺手带出来一个优点。切记，不要说谎，面试官都是老油条，天天跟人打交道，你挑战面试官的判断力赢面不大，不真诚的回答不会讨人喜欢。

"我的缺点是不会拒绝别人，同事找我帮忙，都一概揽下，结果有时影响了自身的工作进度"，这是陈述缺点。"现在我自己也反思了这个问题，会安排好工作的优先顺序，向求助同事展示手头工作并给予自己何时可以帮忙的预计时间，让他自行决定是否求助，既不影响同事关系，又提高了自己的工作效率"，这是解决方案。带出来的优点是，工作积极、热心。

"我的缺点是有时候会过分在意别人的感受，不敢直接表达不同意见，因为觉得会让对方丢面子，我也在努力提高自己的沟通能力，学会委婉地表达自己的观点。"说出了缺点以及自己想到的解决方法，顺带说了优点：照顾别人感受，善于换位思考。

3．如何描述自己的优点

优点一定要匹配应聘职位，且有事实依据，做好被追问的准备。

"我是一个做事全力以赴的人，一旦确定了目标，会用上自己全部的力量，直到成功，即使失败了也不留遗憾。上大学的时候我为了做实验可以连续两天几乎不眠不休，前一段时间为了做一个紧急的项目连续一个月一天也没有休息。为了今天和您的这场面试，我前天接到面试通知后做了两个晚上的功课。"

接下来面试官几乎一定会追问你做了什么功课，这时候你就可以对应聘公司所在行业、公司产品，甚至竞争对手等的了解和理解进行阐述了……如果你的观点非常有建设性，或者对公司、职位有深刻、独到的理解，将是非常大的加分项。

"我的优点是适应性很强，我从东北来到北京读书，很快就喜欢上这个城市，交了很多北京的朋友。我在上家公司工作两年，内部调岗了两次，每一次都能很快适应新的岗位要求。"

面试官可能会追问："为什么你适应性这么强？"接下来就是 show time 了："我觉得环境改变的时候，首先要积极学习，其次要学会寻找帮助……"

总之，缺点，要避重就轻、先抑后扬；优点，要有理有据、埋下伏笔。

关于优缺点这样的自我认知话题，明哥最后派送一碗鸡汤：

感谢曾经欺骗我的人，因为他增长了我的智慧。

感谢曾经伤害我的人，因为他磨炼了我的心态。

感谢曾经遗弃我的人，因为他坚定了我的自强。

感谢曾经斥责我的人，因为他指出了我的缺点。

心存感念，常常自省，使我们痛苦者让我们强大。

4.5 你最崇拜的人是谁

生活使我们各自要企求一个能够足以信赖的、生活上的向导。

有什么样的偶像就有什么样的粉丝，你崇拜刘德华，可能是认同"勤奋"；你喜欢吴秀波，或许是欣赏"儒雅"，你崇拜谁自然会希望自己向偶像无限靠近。

面试问题"你有什么座右铭"，与此类似，倘若你说"我的座右铭是，'宁使天下人负我，不使我负天下人'"，面试官可能就呵呵了……

通过这样"貌似随意"的问题，面试官可以了解你的心态、性格、价值观等。

所以，不要说自己没有什么崇拜的人，给面试官一种你没思想没追求的错觉；也不要说最崇拜的人是自己，这显得过于自大自负，你不适合当员工，适合做老板啊，而且也根本无助于面试官对你的了解和判断。

1. 我们不应该说什么

1）不要说崇拜的是一个虚拟的或不知名的人

你说自己崇拜路飞，有的面试官可能根本没看过《海贼王》，不知道

169

你说的是谁；眉飞色舞地说最喜欢《天龙八部》里深藏不露的扫地僧，轻易不出手，出手吓尿你……漫画中美女的眼睛比鸡蛋还大，小说里描述的武功比原子弹还牛，虚拟但不现实。

你说崇拜明哥，面试官就纳闷了，明哥是哪根葱哪头蒜啊，他怎么可能知道明哥是黑龙江省十大诚实可靠小青年（大学舍友评的）and兄弟连最正直的老师（自己封的）。

2）最好不要说崇拜的是一个歌星或影星

这与你所做的工作没什么联系，还显得自己没有深度、没有品位。

应聘程序员，你说你特喜欢某某小鲜肉，这不着边际，而且很多小鲜肉给人的感觉就是"一副弱不禁风的样子"；应聘人力资源的职位，说自己最崇拜冯小刚，本来是一份偏内敛的工作，你喜欢一牙尖嘴利得理不饶人的主，这不搭界，也不合适。尤其不要说你崇拜的是有负面影响的名人，你是在认同什么？

关于名人，明哥只想引用一句话："闪光的东西不一定是金子。"

现在的中国，没有文艺圈，只有娱乐圈。but，工作是一件需要严谨的事。

2. 我们应该说什么

1）崇拜的人最好与应聘职位能搭上关系

应聘销售，你说："我最崇拜的人是乔吉拉德，看过他的书《世界上最伟大的推销员》，作为世界汽车销售纪录保持者，连续12年平均每天销售6辆车，最多一天卖出18辆……我非常认同他的销售理念，善待客户，卖产品就是卖自己……"

应聘程序员，你说："我最崇拜Linux操作系统的创始人利纳斯托瓦兹，欣赏他的创造力，他写的代码改变了这个世界，我希望自己有一天也可以写出来一个改变别人生活的产品……"

简单来说,就是找一个行业内的标杆人物,并简单陈述你钦佩的理由,既表达了你对职业的浓厚兴趣,又说明了你的价值观或志向。

2)说出崇拜的人哪些品质或思想感染和鼓舞着你

学医的同学去面试,可以说崇拜的人是白求恩,他工作一丝不苟、尽心尽责、救死扶伤,你立志要做一个和他一样的人。来兄弟连面试,你可以说崇拜的人是教育家叶圣陶,老人家说教育就是培养习惯,你深表认同,如果明哥面试你,那一定会加分,兄弟连"让学习成为一种习惯"这句话就由叶圣陶老先生的教育理念演化而来。

不要说喜欢某某女明星,问你为什么,你说因为她漂亮,你可以这么想,但是不能这么说,咱是来找工作的,不是来谈恋爱的。你说崇拜王菲,因为她活得随性,想干什么就干什么,公司用人需要的是稳定性而不是个性……

关于崇拜这件事,一种是缺什么想找补什么,另一种是有什么想寻求认同什么。度要适当,前者无限放大,就是空虚寂寞冷;后者滥情恣意,就是幼稚傻白甜。过度的崇拜,就是一种自我迷失。

面试之前,了解下应聘公司的文化和理念以及应聘职位的要求,你大概可以确定他们需要什么样的人,具备什么素质,然后选择一个类似的突出性的正面人物作为你这次面试崇拜的人。更简单的方法是,表达自己崇拜的是应聘公司的创始人,你去腾讯面试说崇拜马化腾,去阿里巴巴面试说崇拜马云。或者表达崇拜的是行业资深人士,如应聘产品经理,说自己崇拜微信的缔造者张小龙。

选一个与你应聘职位相关的在业界比较有声望的人,描述下他的成就,说下你的看法和你欣赏他的理由,这是回答"你最崇拜的人是谁"这个问题的基本套路。

你崇拜的人,也可以是一个平凡的人。

明哥曾经在一次面试中这样讲:"我最崇拜的人是我的父亲,我父亲是一名司机,他的车永远是车队里最干净的,做事非常认真,做什么都要做到最好。家族里谁有困难，他都会尽最大的努力去帮助。无论是在生活中还是在工作中，别人一提我父亲都竖大拇指，我希望自己可以成为我父亲那样的人……"

再次强调下，崇拜一个人不在乎两点：一是他具备某种你不具备但很想拥有的品质；二是他恰好具备某种你自己引以为傲的品质，在他身上找到了自我认同感。崇拜，可以说是一种自我映射以及对自己未来的期许，这也是面试官问你崇拜谁这个问题的目的所在。

4.6 谈谈你的一次失败经历

失败不是成功之母，总结才是成功的亲娘。

多年前明哥还是一枚单身狗的时候，努力工作，听歌，阅读，旅行，学习各种技能，生活很充实、很美好，可在父母和亲戚眼里，我依然是个还没结婚的神经病……这还不算很失败，更大的失败是，公司新来了一个女同事，很漂亮，热心的同事帮我问了一下，她说没对象，明哥自己又去问了一下，她说有对象……这才叫失败，说出来都是眼泪啊。

每个人都会有失败的经历，过去的失败并不能证明太多的未来，所以大可不必面试官提及诸如此类的问题马上如临大敌，分分钟进入刺猬模式，"敌人狡猾狡猾地，这货要揭我老底"……

正所谓"未曾清贫难成人，不经打击老天真。自古英雄出炼狱，从来富贵入凡尘"。华为创始人任正非，四十多岁被公司开除，负债200万元，老婆和他离了婚，上有老下有小……真是"默默无语两眼泪，耳边响起二胡声"啊。可时至今日，华为是国产品牌中的翘楚，任正非是受人钦佩的企业家。

面试官问"失败经历"，在意的其实并不是你的失败，不是想揭你的短、戳你的脊梁骨，而是想了解应聘者在这次"失败"中面对失败的态度和处理问题的方法，从而了解你的心态，考察你的应变能力和学习能力。"你在工作中最难忘的一件事""你在工作中遇到的最大困难"等类似的面试问题也出于此目的。

1. 回答的注意事项

一次成功的失败经历可以体现一个人的专业程度。

什么叫成功的失败经历？

虽然这件事情是失败的，但你的心态是积极的，是有反思、有觉悟的，是总结了教训、积累了经验的，是惩了前毖了后、治了病救了人的。失败不是成功之母，总结才是成功的亲娘！从失败中体现你的思考、你学到的东西、你的成长，体现你是一个爱学习的好孩子，不会在同一块石头上踢两次脚。而且不管有多少挫折，内心充满阳光，璀璨得稀里哗啦。

别一点小屁事的失败就好像天也塌了、地也陷了、你也活不下去了，失败是成长路上的必要经历。关键是，不为失败找借口，多为成功找方法。

1）不宜说自己没有失败的经历

从来没有失败过，咋的，你是东方不败啊，这不可信，是不可能完成的任务。作为刚进入社会的年轻人，工作经验与社会经验都有所欠缺，失败是在所难免的。

何况，年轻人犯错误，上帝都会原谅。

2）不宜把明显的成功说成失败

不要自作聪明，把自己明显的成功之处说成失败，这给人感觉太假、太虚伪。"唉，我太有钱了，成天犯愁该怎么花。"明哥如果这么说，你会不会想打死我？我自己都想打死自己……

3）不宜说和求职毫无关系的失败经历

你喜欢高中女同桌，可惜女神喜欢隔壁班吴老二……

游戏被暴打，最伤自尊的是对手刚刚小学三年级……

永远不要忘记你是在找工作，不是在和面试官聊人生，她不是你的知心大姐姐。

4）不宜说会影响应聘的失败经历

切记你所叙述的经历不要对眼前的应聘造成不良影响。

你应聘一份客服工作，却和面试官讲上学时与同学大打出手的失败经历，你指望对方冒着客户被痛扁的风险给你工作机会？

5）不宜把失败原因都归结于外在的客观条件

乐观和悲观的区别就是：碰到问题，乐观的人先想怎么解决，而悲观的人先想我该抱怨谁。

我永远没错，都是别人的错才害我犯了错，会让面试官觉得你喜欢推卸责任，没有担当，不能面对自己的失败。

2. 应该怎么回答

回答这个问题的重点应落在"经历"上，而非"失败"上。

面试官不仅想了解你对失败的态度，更想听到货真价实的内容。

明哥建议说一件自己印象深刻的事情，真实的才最容易感染别人。可以详细地描述一下失败经历中所碰到的困难、你的处理方法、失败后的总结和反思。给出的事实细节越详细越好，最好可以就失败的经历"重演一次"，当场提出新的解决方案。描述中，除了自己的不足和失误，客观原因可以适当提及，要让面试官感觉你勇于担当、勤于思考、乐于改正。不要说太多自己的性格缺陷或消极心态，不宜太多抱怨。

如果有工作经验，则可以提及一次不是太严重的工作上的失败经历，如一次工作失误，因为与主管沟通不到位，导致事情处理出现小问题，自己事后进行了反思：不能"我以为"，要确认并及时反馈，才能更好地执行。如果刚毕业没有工作过，则可以讲一次事件处理或活动组织等方面的失败经历，如某次组织学校活动，团队配合出现问题，是因为自己哪方面经验缺乏导致的失误，以及现在如果再次组织类似活动你会怎么做。

回答这类问题，基本原则是：通过失败说成功，不要强调结果，要更多地说过程，说自己的体会、收获、成长。类似的面试问题"说说你的一次成功经历"等，回答思路与此大同小异。

4.7 说说你的家庭情况

家庭不单是身体的住所，也是心灵的寄托处。

如果 HR 面试时问你家庭情况，记住：

第一，不是开始和你闲聊了！

第二，不是想给你介绍对象！

第三，不是要窥探你的隐私！

面试是一件斗智斗勇的事，HR 永远不会问毫无意义的问题。

1. 面试官想了解什么

一个人的性格受成长环境的影响最大，有什么样的父母就有什么样的孩子，了解你的家庭情况，可以了解你的性格、你的价值观、你为人处世的方式。

"我父母经常吵架，我早就想离家出走了……"，HR 就会猜测你会不会性格孤僻，工作中爱逃避问题。"我家里很穷，我家的佣人也很穷，我家的园丁也很穷，我家的司机也很穷……"，从概率上来说，一个富家子弟勤奋努力的可能性相对较低。

单亲家庭的孩子，往往自尊心非常强；独生子女或家中老幺，大多娇惯不够独立。当然，诸如此类，都是一般性判断。如果你理解 HR 询问的初衷，关键还是看你如何表述。比如，明哥父母文化程度并不高且本人是独生子，当年求职被问及类似问题时，我会着重表述自己打小喜欢看书，从小学三年级开始就因父母工作忙中午自己回家热饭吃……

明哥始终认为，一个不孝顺的人，不会是一名好员工。家庭的和睦，直接影响到工作的结果。一个家里老婆成天和他吵架的人，会做好工作吗？后院失火一定殃及池鱼。

2．求职者应该如何回答

"我父亲叫刘德中，德是刘德华的德，中是中国的中，今年 52 岁，现在老家的国企工作，是个科长，具体做什么我不太清楚，祖籍是河北，汉族人，好像入了党了；我母亲……我家养了一条狗，中华田园犬，您知道吧？名字叫旺财，图个喜庆。还有一只猫，叫 Tom,《猫和老鼠》您看过吧？名字就从那儿来的……"

小样的，你真以为你站上了《非诚勿扰》的舞台呢？

最忌讳简单罗列家庭人口，HR 不是查户口，他希望听到的重点是：家庭对求职者的积极影响。

所以回答时要注意以下几点。

1）宜强调温馨和睦的家庭氛围

不能说"小时候父母对我管教严格，只要我一犯错就对我混合双打"。打骂中长大的孩子，多半喜欢找借口，不敢扛起责任。

2）宜强调父母对自己教育的重视

不能说"我爸觉得读书都是浪费纸，没啥用"。对教育的重视，就是对成长的投资，对自己能力的证明。

3）宜强调各位家庭成员的良好状况

讲起来太世故却是现实，如果你家里有长期需要照顾的病人，势必会影响你的工作状态。

4）宜强调家庭成员对自己工作的支持

不能说"我爸不支持我做程序员，觉得成天对着电脑噼里啪啦敲个破键盘，没前途"，说明你的稳定性堪忧，你会不会没工作多久迫于家庭压力辞职？

5）宜强调自己对家庭的责任感

对家庭有责任感的人，才可能对工作有责任感。对家庭没有责任感只对公司嗷嗷有责任感的人，明哥觉得，就算有，这种人也不能用，因为，他脑袋一定进过水。

回答范例：

"我爱我的家庭，我家一直非常和睦，虽然我的父母都是普通人，我父亲是一名司机，我母亲做财务工作。从小我就看到我父亲起早贪黑，每天工作特别勤劳，他的行动无形中培养了我认真负责的做事态度。我母亲为人善良、对人热情，特别乐于助人，人缘很好，她的一言一行一直在传授着我做人的哲理……"

家境普通，成员健康，家庭氛围和美快乐，每个人努力生活、勤恳工作，都是良民中的良民，这是回答的基本套路。和睦的家庭关系对一个人的成长有潜移默化的影响，你是一个什么样的人很大程度上取决于你的家庭背景。

中国现在之所以有这么多不努力的小鲜肉明星，就是因为脑残粉多，而十个脑残粉八个是啃老族，根源上，就是家庭教育的失败，没有培养孩子的独立人格。所以，这个问题并不奇葩，世界上没有无缘无故的爱，也没有无缘无故的恨，面试中也没有无缘无故的问题，只有不知所以然萌萌哒的求职者。学会透过现象看本质，拨云见雾戳重点。

专业能力类

4.8 作为职场新人，你如何胜任这份工作

所谓经验，就是以前犯过的错，以后不会再犯。

明哥早上和老婆吵了一架，下班回家看到老婆没做饭，我一声不吭地坐下玩手机，心想看谁能耗过谁。过了好一会儿，老婆主动开口了：

"算了，怄气没意思，出去吃饭吧。"我板着脸"嗯"了一声，正要去拿钥匙钱包，老婆说"不用拿了，这次我请"，我心情一下子舒畅了许多。刚迈出家门，我转头问了一句："上哪儿吃呀？"老婆在屋里"嘭"地把门关上了……我还是太嫩了……如果之前有这方面的经验，也许明哥就不会中计了。

"作为应届毕业生，你怎么胜任这份工作""你没有经验，我们为什么录用你"……类似的面试问题其实都有一个共同的梗：工作经验。

刚从学校毕业的求职者，往往面试时一听到问工作经验，就像霜打的茄子——蔫了。不乏愤愤不平喊冤的，"都要有经验的，不给我们工作机会怎么能有经验？"

回答有的牵强附会，有的文不对题，更有甚者直言没有经验，说来应聘就是为了积累经验……这显然都不是一个好答案。

面试官当然是明知故问，因为你有没有工作经验，简历上写得一清二楚，对刚出道的新人提出这样的问题，其实就是想看看你如何回答。避重就轻一通有的没的乱讲，会让面试官觉得你虚而不实；把和应聘职位相关不相关的社会实践一顿乱说，会让面试官感觉你讲话没有重点，而且你求职的稳定性可能也不够。

如何回答这个纠结的问题？

所有面试问题从本质上可以归结为三个：

（1）想不想做这份工作（求职动机和价值观等）；

（2）能不能做这份工作（技能、经验和职业素养等）；

（3）能否和现有团队一起把这份工作做好（工作态度和团队精神等）。

对于公司，用职场新人，最大的风险是职业稳定性不够，首先是想不想胜任的问题；其次就是能不能胜任的问题。胜任的基本条件是能力和经验。什么是经验？简单来说，经验就是做错事以后不会再犯。但是你没经验？谁知道你会不会犯……

初出茅庐，都会有这样一个过程，从没经验到有经验的过程。但是在求职时，面试官希望你能证明自己可以胜任这份工作，没经验，确实是一个硬伤，那么，你要回答的重点就是，对于没经验这回事，你有什么找补的方式。

1. 最好能说明"吃过点肥猪肉"

比如，大学实习的时候在实习公司做过相关职位的工作，做了多久，负责什么，学会了什么，了解了什么，甚至可以说一下对这个职业和行业产生了浓厚的兴趣，确定了自己的职业发展方向……没有相关的实习，就说社会实践。你应聘网络运维工作，大学在校门口网吧做网管，虽然工作内容有很大差距，但是这个社会实践说明了你有基础工作的经验和对这个职业的兴趣；学市场营销，寒暑假去做一份兼职的销售工作，不管看起来多 low，都是一种体验、一种了解，诸如此类，都可以。记住，你所说的社会实践和大学实习，一定要和应聘职位有相关性，且多提及你"学到了什么"。

2. 起码要说明"见过肥猪跑"

大学不是学与应聘职位相关的专业，所以没实习过，也没有意识去做过相关的社会实践。那么，是否参加过学校或者社会甚至网上的一些相关比赛，是否有亲戚朋友同学从事相关工作经常和他们交流，或者喜欢看与这个职业或行业相关的书籍杂志……总之，能证明自己"虽然没做过，但是听说过"，照猫可以画虎，基于对职业了解后产生的求职动机，也表达了自己的职业稳定性。

明哥找第一份工作时，买书狂看恶补了三个月，这是一种"见过肥猪跑"的找补方法。有的学生选择来兄弟连学习，快速加强胜任职位所需的专业技能，通过学习中的项目实战积累经验，是"吃过点肥猪肉"的找补方法。

通过这样的问题，也可以看到求职者的应变能力，最好在回答中体现出自己的自信心和学习能力等。没有工作经验的潜在性人才，学习能力的强弱非常重要，新人能尽快熟知并胜任职位要求是每个面试官希望看到的。而如果求职者回答时，表现出胆怯、退缩或者不诚恳，这比没有工作经验更加可怕。一名员工的自信程度往往决定着他的工作状态和业绩，有自信的人更具有面对工作困难时的勇气和决心。

回答时，第一，可以承认工作经验的重要性，认识到自身的不足，展现出积极的态度和主动学习的精神；第二，清楚地表述出参加过的与应聘职位相关的实习或实践，或者可以胜任职位的优势和特长；第三，适当表表决心，强调自己会不断提升工作能力，万万不可神情闪烁、语调微弱，看着感觉一点信心都没有……

回答示例：

"作为一名应届毕业生，在工作经验方面我的确有所欠缺，因此在读书期间我一直利用各种机会在这个行业里做兼职。我发现，实际工作远比书本知识丰富、复杂，但我有较强的适应能力和学习能力，在兼职中均能圆满完成各项工作，从中获取的经验也令我受益匪浅。请贵公司放心，学校所学及兼职的工作经验使我一定能胜任这个职位！"

当你明确了自己的职业方向，就应该提前做好准备工作，不管是看书学习，还是社会实践，或者参加培训，总之，想方设法增加求职的筹码。

4.9 描述下你的实习经历或做过的项目

耳闻之不如目见之，目见之不如足践之。

> 描述一下你的实习经历或做过的项目。

> 简历上我都写了

> 摆过摊儿，搬过砖，代人写过情书……

> 我都没做过

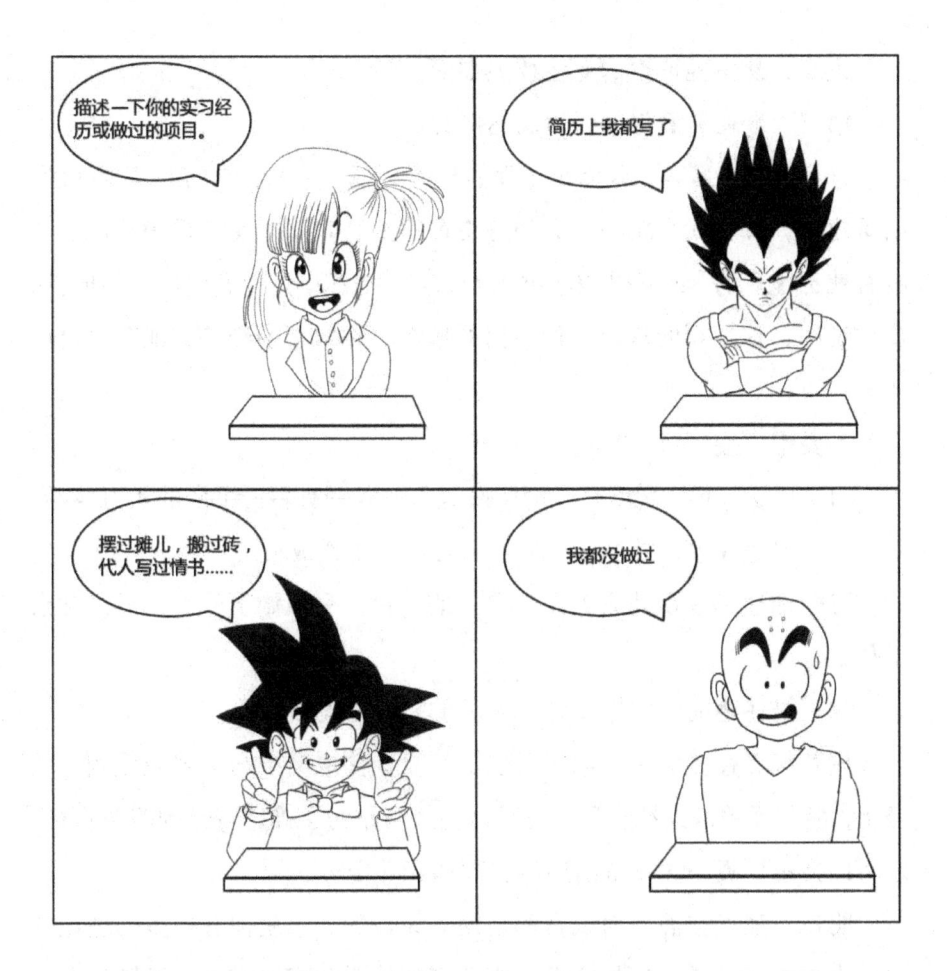

为什么挑食的都是孩子，家长怎么都不挑食呢？这个小时候困惑了明哥多年的问题，终于在女儿几岁之后想明白了，老爸老妈买的都是自己爱吃的，还挑什么食……有些事情没做过，就是理解不深刻。

没有工作经验，在提及实习或实践的经历后，面试官可能会追问：请你详细描述下实习经历或者做过的项目。如果你所学专业与应聘职位对口，让你讲一下毕业设计；如果你有工作经验，你说说之前的工作情况，或者介绍下参与过的项目……回答此类的面试提问，需要注意什么？

先分析下面试官的目的：

第一，求证你是否真正做过这些事。

第二，从中验证你的专业技能如何。

第三，顺便看看你的语言表达能力。

这个问题，最容易判断出求职者能否胜任，是面试询问的高频问题。明哥建议，和自我介绍一样，最好提前写好背熟，避免讲得磕磕巴巴，听着就不像真的，或啰啰唆唆讲不到重点。描述一定要有明确的指向性，着重说明：你学到的东西、你做出的成绩、你取得的经验，证明自己的能力。

不要干"傻事"，如：

（1）说了一堆"跳跃性"的实践经历，或者有多份不同的实习经历。

（2）严重注水，杜撰或夸大实习经历、工作成绩。

（3）描述毕业设计或工作中参与的项目，只说做了什么，没说学会了什么。

（4）描述之前的工作经验，说了上家公司很多坏话……

倘若真有过多的实践或实习经历，要么摘取其中与应聘职位相关的经历，淡化无关的经历；要么说明这些经历是为了确定自己的职业目标，之所以会选择贵公司，是斟酌后找到的职业定位。

明哥不建议造假，面试官都是阅人无数的，纵使你有再多的理论知识，也无法完美描述出具体操作中遇到的状况和解决方式。不懂的东西一定不要乱说，不知道就是不知道，一旦被面试官揭穿，便会留下诚信欠佳的印象。

描述参与过的项目、做过的毕业设计等，可以先说取得的成绩，然后说明自己负责了什么（若项目是多人共同完成），最重要的是自己有什么成长和提升，比做过什么更本质的是你学会了什么。

提及之前的工作经历，切记说上家公司的坏话或以前同事的坏话，毕竟是你曾经的选择，这只是在暴露自己当初有多傻。

如何描述经历或经验？

1. 突出重点

叙述的重点是你的职责及取得的成绩,"实习了一个多月,没有太多实质性的工作,就是打印资料、定会议室等",这种打杂式的实习没有太大意义,要说明你实习负责的事情与应聘职位的相关性,且说明你取得的成绩,最好有完成工作目标的具体可量化的数字。如果没有,起码要有主管领导的肯定或褒奖,以及自己所学所获的总结和心得。

2. 注意细节

细节描述越清晰,给人感觉越可信。

你实习了多久?对于学生来说,通常的实习经历一般在一两个月,稍长一点的可能是三四个月,更长的可能在半年以上。理论上,当然是越长越好,说明清楚。

是什么公司?说出公司的全称或简称。不是特别知名的公司,明哥建议最好用两三句话做个简单的介绍。

在什么部门?做什么职位?这些实习的细节,要叙述清楚。

如果能在此基础上讲一两点实习期间发生的让自己印象深刻的小事,这件事情或促使你立志从事这项职业,或体会到职场应该具有的某种素质等,就更好了。

"细节"证明"这是真的""成绩"说明"我能胜任"。所有诸如此类的面试问题回答,方法与此类似。

明哥再举一个简单的例子,比如应届毕业生描述自己大学的一次社团活动:参与组织学院编程大赛。

正确的表述应该是:

首先,描绘背景,编程大赛是我们学院最有影响力的社团活动,每年都会举办,从初赛到决赛总计40天……其次,说明做法,我作为社团干事参与组织部、宣传部工作,负责活动宣传、场地协调、校内新闻发布……最后，展示成果，总计有 280 多名学生参加，12 家赞助企业，成为学院最成功的一届编程大赛……

越具体，越真实。在语言表达精练清晰的基础上，突出重点、注意细节，是回答此类面试问题的要诀。

4.10 我们为什么要聘用你

最糟糕的面试是，该秀肌肉的时候却哭了鼻子……

（漫画）
- 我们为什么要聘用你？
- 因为长得漂亮呗
- 这……我哪知道啊？
- 我感觉你们不会聘用我

当面试官问"我们为什么要聘用你"的时候，很多求职者的第一反应是，他是不是出门忘吃药了，"为什么聘用我"这事问我干什么，你自己心里不清楚？我又不是你肚子里的蛔虫，怎么知道你盘算着什么小九九……这是面试官自己的问题啊。

可是，面试官为什么做这么"脑残"的事呢？

其实，这是说话的方式和技巧，就像明哥看到你，和你打招呼，"吃了吗"，这就是客套话，如果你呆萌地说"明哥，没吃呢"，那我也只能说"没吃呢啊，那赶紧去吃吧"，我就是客气客气，没想请你吃饭的意思，你这么认真让明哥很尴尬。

当面试官问你"我们为什么要聘用你"时，实际上是在问"你凭什么胜任这个职位"，对于这个问题的回答应该是一次自我推销，你要展示出自己"人见人爱、花见花开、鸟见鸟发呆、车见车爆胎，一树梨花压海棠，帅到惊动党中央"，告诉面试官你可以为这家公司做什么，证明"为什么是我不是他"。

一般来说，这个问题会在其他面试问题之后提出来，其实这种方式很不客气，面试官这样问是想借此看到求职者的应变能力和心理承受能力、情绪控制能力。如果对方问得这么直接，我们也应该回答得简单粗暴一点，"以暴制暴"，直截了当地回答你如果进入这家公司能创造什么价值以及你的能力和优势。

记住，一个有良好教养的求职者，不会赞美自己，更不会要求或期望别人赞美自己，偶尔面对质疑、歧视、冷漠的态度和自以为是的高高在上，最有力的回击是有礼有节、有的放矢的言语。谩骂从来不会赢得尊重，埋怨从来不会得到同情，只有实力的证明，才会让对方刮目相看。

回答问题的三板斧

人才有很多种，但一定没有一种是遇事慌张的。肯定会有面试官故意问一些不客气的甚至让你尴尬的问题，把这样的试探当成一次成长成熟的锻炼，不管对方怎么说、说什么，不论心里多么波澜壮阔，表面上要风平浪静，告诉自己，"小爷我就是这么淡定"，冷静地思考，沉着地叙述。

打蛇打七寸，明哥建议回答这个问题有三个要点。

三板斧之一：描述应聘职位的胜任条件。

强调能力与经验等与职位的匹配，如应聘程序员，那职位要求的专业技能是否掌握、掌握的程度，包括深度及广度，运用技能完成某项工作的具体时间等。如果有工作经验，则可以谈论一下自己之前的工作情况，用成绩、数据、事实来说明自己的成就。

最好在求职前针对应聘职位准备一份自己胜任条件的列表，知己"有什么"，知彼"要什么"。叙述时不必面面俱到，因为这样往往会显得平铺直叙过于平淡，可以选取列表上的两三个强项重点"推销"，证明下"我卖的西瓜又甜又面又沙瓤"。

三板斧之二：描述能为公司做出的贡献。

你的加入能给这个职位和公司带来什么，阐述自己的职业规划和为新公司能创造的利润、达成的目标等想法或承诺。如，项目完成到什么程度，给公司带来多大的业绩增长，能把团队建设成什么样……这很重要，也是面试官权衡取舍的关键之一。你会干什么和你能干什么，除了具备能力，还有意愿的问题。就算美得和公主似的，但是自己不想醒，王子噼里啪啦地亲也没用，谁都没办法叫醒一个装睡的人，长得再漂亮也不是你的菜。所以，有能力当然好，但是意愿同样甚至更加重要。

明确你的职业规划和工作目标，表明你的专业和立场，这其实是一个基于你的能力和自信给面试官"画饼"的过程。

三板斧之三：描述与众不同的自身优势。

既具备条件，又有工作意愿，如果在此基础上，再能展现你"异于常人"的能力，就更加锦上添花了。条件符合的人可能不止你一个，为什么要选你而不选别人？说出你与众不同的地方，比如，明哥去应聘，特长是能吹牛啊，我一开吹，全北京的牛都在天上飞，所以我应聘这个太阳能手电筒的销售，一定能把公司吹上市，走出中国、迈向世界……

你独特的能力要和职位相关联，对所从事工作有助益。还可以吸引面试官的注意，说下你的关键技能或优势，比如，快速学习的能力，良好的沟通技巧，并给出一个具体的例子，就是成功的故事，以你过去的经验为基础，支持你的观点。记住，一定要有事实、有依据，否则就是瞎说，同时做好应付面试官追问的准备。

回答这样的问题，不用长篇大论，简单精练，最好控制在一两分钟之内。证明自己的工作能力，表达自己的工作意愿，强调自身的独特优势，展露出来舍我其谁，你不聘用我后悔大半年。

4.11 假如你被录用将如何开展工作

没有人计划失败，但失败总追随没有计划的人。

明哥东北老家下雪后很美，一女孩满怀深情地对男友说："亲爱的，我想到一句话，下雪的时候，一定要约自己喜欢的人出去走走，因为走着走着，就一起白了头，好浪漫啊！"结果傻小子没头没脑地回应了一句："也要小心滑倒，很容易劈腿。"后来被打得那个惨啊……

面试中也有假设性的展望式问题，千万不要忽略了"假如"这个重要的用词。面试官问这样的假设性问题，目的是了解应聘者的工作能力和计划性、条理性，所以他会重点看你回答问题的细节。如果你对这个职位的工作理解有偏差，回答得驴唇不对马嘴，抓不住工作的重点，思路听起来乱七八糟，讲得一塌糊涂，可想而知，你这次面试也要很惨了。

有的求职者觉得这个问题难于回答，要么不知所措乱了阵脚吭哧瘪肚结结巴巴，要么侃侃而谈如黄河之水天上来但是没谈到点上。

我们应该怎么应对？

如果你对于应聘的职位缺乏足够的了解，最好不要直接说出自己开展工作的具体办法。可以尝试采用迂回战术来回答，如"首先听取领导的指示和要求，然后了解相关情况，制订一份近期的工作计划并报领导批准，之后根据计划开展工作"。在不了解的情况下，说得太多，第一不一定对，第二给人感觉很自我。迂回战术，虽不会加分，但起码不是"杀马特"似的回答，也不会扣分。

不要乱表忠心，"老大怎么说我就怎么干"，这只能说明你没有想法没有创意，也不要说得假大虚空，让人感觉不务实。回答这样的面试问题，如果经验有限，就多强调会在最短的时间内了解自己职能范围内的负责事项，迅速提升自身的能力胜任工作，表达下工作态度和彰显下学习能力。

但迂回之后如果面试官认为你在回避问题，引导了几次你仍然避重就轻，不说具体开展工作的细节，"打死我也不说"，就是你榆木疙瘩不开窍了……面试前了解公司和职位的准备工作，在面试官追问时，你可以基于了解，或有工作经历的话，基于以往的经验，描述工作计划和目标。记住你描述的重点，面试官是要看你的工作能力，包括分析问题、解决问题的能力，工作的重点和事情的症结在哪里；以及你的计划性和条理性，先做什么，后做什么，如何一步步执行。

有的面试官还会问更刺激的假设性问题："如果这次面试没被录用，你有什么打算？"

听到这个问题后，你的心里可能有无数只羊驼跑过……千万不要忘记他说的是"如果"，所以大可不必激动，一方面是观察你的求职心态和情绪控制能力，另一方面你的回答也可以看到你的计划性、工作稳定性等。你可以说"失败是成功之母啊，求职虽然失败但也是一次学习成长啊，我会找到不足，坦然面对，接受现实，反思改进，继续努力……"

问题回答示例：

你对运维工作有多少了解？被录用后打算如何开展工作？

错误示例：

运维这工作，没出事，谁都想不到有你这号人，啥好事和你都没关系；一旦出状况，全公司上上下下都在找你，指责你到底成天在搞什么东西，这活，不好干啊。我被录用后，就好好工作呗，不调戏前台妹子，不挤兑同室汉子，遵纪守法，领导说啥我干啥呗。

正确示例：

（1）对工作的理解。

我认为运维工作对于保障全局信息及时发布和网络正常运营有着极其重要的作用，这对我或任何被录用担任这个职位的人来说都是一个不小的考验，但是我有信心也有能力做好这份工作。

（2）表忠心做承诺。

我会准备好随时面对可能出现的网络故障，无论何时何地，出现任何问题，我都会第一时间赶到现场，尽我最大努力，在最短时间内解决问题，把损失降到最低。

（3）说工作方法。

平时，我会做好安全防范工作，尽职尽守，遵守管理条例，尽可能将问题排除在发作之前，争取实现零故障运行。

（4）晒工作态度。

作为运维人员，比较容易出现和其他同事缺乏沟通的情况，我会与他们多交流，了解需求，处理好同事关系。我也会及时和领导保持沟通，发现问题及时汇报，出现问题及时解决，杜绝缺乏沟通交流造成损失加大的情况。

"过去—现在—未来"的逻辑顺序是面试中惯用的手法，在了解完求职者的"过去"和"现在"后，面试官就会询问"假如你被录用将如何开展工作"，来试探你的"未来"，这也就成了决定成败的最后一根稻草。回答时可以着重说明你对职位的理解（匹配公司的期望）、工作内容的重点、工作的计划和方法、自身的职业态度等。招聘信息中都会写明工作职责，提前做好功课，才可有备而来。

职业素质类

4.12　如何评价自己的大学生活

非学无以广才，非志无以成学。

刚进大学的新生大多急于脱单，他们天真地认为自己没有对象是因为高中禁止早恋。大学要找一个什么样的女朋友呢？如果你身边有一个爱在课堂上睡觉的姑娘，就赶紧表白吧！第一，她肯定不打呼噜；第二，这样都能考上大学说明她智商高；第三，睡觉不盖被子不感冒，说明她身体好；第四，上课光顾睡觉了，没时间和其他帅哥眉目传情。结论：大学爱上课睡觉的姑娘都是德智体全面发展的好姑娘。你看，大学谈个恋爱都是有学问的，何况求职找工作呢。

面试问题可能种类很多，但其实总结一下，题型大致也就两种：一类是了解提问，即了解你的个人情况、思想品德、求职动机及你对公司和对职业的认同情况等；另一类是测试提问，即测试你的专业知识和各种能力，如语言表达能力、思维判断能力等。而"如何评价自己的大学生活"，表面上是询问个人情况，你上大学都干了什么，但实际上是在考验求职者的各方面能力，所以，要谨慎作答。

1. 错误回答示范

（1）我在大学基本没学到什么东西，学校安排的课都不实用，老师教的也不好。

点评：都是老师的错，学校惹的祸。你难道没一点自学能力？

（2）我在大学光玩了，什么也没学到。

点评：真实在！但是，这是面试官想要的答案吗？

（3）该学习，学了学；该玩耍，玩了玩。就是没谈次恋爱，总觉得大学好像白念了……

点评：你这次面试可能也白来了。

（4）大学，我觉得，也就是混个毕业证。

点评：嗯嗯，有证总比没证强，下一个……

年轻就是资本，大把的时间可以挥霍，当然都会爱玩。回答这个问题，除去学霸之外，大部分人的脑海中可能会涌现出睡觉、上网、打游戏、谈恋爱之类的词汇。当然，聪明人都知道，这些都是说不出口的。

那么，是不是"大学成绩呱呱叫，年年都拿奖学金"或者"我大学组建了××社团，还是××社团和××社团的副社长"这样的回答才是面试官想要的答案呢？

2. 回答的基本思路

记住，面试官永远最关注的是你对职位的胜任能力，所以你回答的重点主要有两个：一是你在大学"学到了什么"；二是你在大学"会做了什么"。

1）学到了什么

首先是你的院校专业介绍，然后从入学到毕业你经历的印象深刻的事件或者感触，最后是你的收获和成长，让面试官了解你大学期间到底学到了什么（注意，学了什么和学到了什么，是有差别的），包括专业课、自学、参加培训学习等。

学到了什么，是学习的意识和想法问题，这是展示你所具备的职业技能。

2）会做了什么

大学，与其说是学习，不如说是学做人。在此期间，通过实践经历和人际交往，你的哪些能力得到了提升？积累了什么样的工作技能？具备了什么样的职场经验？其实换一个角度来说，这也是体现个人能力、突显个人优势的好时机。

会做了什么，是职业心态和综合素质的体现，这是展示你所具备的职业素养。

所以，从这样的问题中可以看出来，一是你的专业技能情况，二是你的非专业的职业素质。从这两个点来回答这个问题。

在本书的第 2 章明哥介绍了求职前需要做的功课，其实就是在"如何评价自己的大学生活"这个问题中可以表述的内容。

第一，找到职业方向，这是职业稳定性，志趣所在才可能工作认真不会朝三暮四。

第二，掌握一技之长，这是胜任条件，没有能力为基础的意愿只是喊口号。

第三，提升综合素质、自信心、执行力、学习能力、沟通技巧、情绪控制等，这是求职者对社会、对职业了解与适应能力的一种综合体现。

所以，做题的时候首先要想到出题者的意图，然后有针对性、有重点地回答。

写到这里，明哥想起了著名作家龙应台写给儿子的一段话，分享下：

"孩子，我要求你读书用功，不是因为我要你跟别人比成绩，而是，我希望你将来拥有选择的权利，选择有意义、有时间的工作，而不是被迫谋生。当你的工作在你心中有意义时，你就会有成就感；当你的工作给你时间，不剥夺你的生活时，你就会有尊严。成就感和尊严，给你快乐。"

借花献佛，把这段话送给各位还在上学的朋友。

4.13 与主管意见有分歧你会怎么做

吵架需要两个人，停止吵架只需要一个人。

与主管意见有分歧你会怎么做？	合则来，不合则分呗
表面上敷衍他，然后按自己的想法做	开玩笑，领导绝对不会错！

朋友称呼老婆为"领导",明哥一直不解其意。有一天去他家玩耍,饭后,他老婆喊他:"去,赶紧把碗刷了,待会儿再把衣服洗了!"朋友脸色一变:"哎呀,胆儿肥了,敢命令我了!就不听你的,我今天偏要先洗衣服再刷碗!"众人倒……在我们鄙视的眼神下,他貌似会意了,跑到他老婆面前义正言辞地说:"我已经忍你五年了!"他老婆不甘示弱,厉声问道:"那又怎么样?""我,我,我还想再忍几十年……"我们终于明白他为什么称呼老婆为"领导"了……

做任何事,首先要有一个正确的沟通态度。

和客户,是双赢,不要抱着坑人的心理;和面试官,是双向选择,他在决定是否聘用你,你当然也可以决定被录用后去不去;而和主管,应该是协作,在服从命令的同时贡献自己的想法和创意。

面试官问你:"如果你入职我们公司,开会的时候你和主管的意见不一致,吵起来了,你会如何处理?"

怎么回答?

"肯定是我的问题,我赶紧先给主管认个错道个歉,他怎么说我就怎么做。"

点评:你怎么知道是你的错?

"必须说服他,摆事实、讲道理,说情况、列数据,动之以情、晓之以理,我一定坚持己见,搞定他!"

点评:敢情来了一个谈判专家……

"领导绝对不会有错;如果发现领导有错,那一定是我眼花看错;如果我没有看错,那一定是因为我的错才害领导犯了错;如果是他自己的错,只要他不认错,那还是我的错……"

点评:演戏呢?你这演的是古代太监的角色吧……

"表面上敷衍他,实际上按自己的方法去做!"

点评：小样的，还明修栈道、暗度陈仓呢……

这是典型的陷阱问题，正确的回答是："这种事就不会发生在我身上，我就不会在开会时和主管吵起来……"不是说不能有不同的意见，而是要有服从意识。

当主管交给你一件事的时候，希望的是你出色地完成它，而不是挑战他的判断，他没有义务和你解释清楚为什么要这么做。你可以有想法，但毕竟你是新人，能力、经验、专业度、判断力都还太嫩。先要做的就是不折不扣地执行，无论你是否清楚做这件事的目的。

再者，尊重和服从主管的命令。为什么？很简单，因为他是负起责任的人。如果他做了决定，事情办得一团糟，那么被老板叫到小黑屋里骂得满头包的人是他，不是你，所以，他说了算。这是新人要明白的第一条职场规则。

无论你有多么远大的志向，职场发展的路径往往是：

先做一个好员工，再做一个好主管，有一天才有可能当个好老板。

先做一个好员工，有一天当了主管，才知道员工应该如何管理；当了一个好主管，有一天才知道，应该找什么样的人帮你管理公司。

最糟糕的团队是，主管下了命令，结果，张三阳奉阴违，李四消极怠工，王二麻子有不同意见想打通任督二脉和主管一决雌雄，最后任务完成得一塌糊涂，大家都没有奖金，谁都没有好处……如果与主管意见相左，用委婉的方式表达出来，主管能采纳最好，不能采纳也要遵从主管的指示，认真去完成主管安排下来的工作任务。

做事不由东，累死也无功，这个道理简单，明白的人却不多。

退一步讲，无论如何，不应该在开会的时候和主管吵起来，你不想干了？好似问"长跑你追上了最后一名，你是第几名"一样，记住，这就是个脑筋急转弯！

如果实在觉得自己是对的，可以会后去敲他办公室的门，"王经理，我还是想不明白为什么我的想法不可行，我是新人，经验不多，您看我能不能向您请教学习一下……"

如果你工作后，想说服你的主管，则一定要提前做好准备工作。明哥给你五点建议。

建议一：选择适当的提议时机，主管正发火的时候就别近身了。

建议二：提议时最好利用资讯和数据，空口无凭，一定要有理有据。

建议三：设想上司置疑，事先想好答案，有备而来。

建议四：说话简明扼要、突出重点，谁都不喜欢磨磨叽叽的人。

建议五：充分尊重上司，这非常重要！

分享一段很有道理的话：

跟孩子打交道要照顾到他（她）的纯真；

跟少年打交道要照顾到他（她）的冲动；

跟青年打交道要照顾到他（她）的自尊；

跟男人打交道要照顾到他的面子；

跟女人打交道要照顾到她的情绪；

跟老人打交道要照顾到他（她）的尊严；

跟主管打交道则不能挑战他（她）的权威。

还有一种情况是主管在违反原则安排事情，可能徇私舞弊或者对公司造成重大损失。触及这样的底线，则要坚持己见，体现出自己的原则性。

4.14 你希望与什么样的主管共事

君子和而不同，小人同而不和。

明哥聊求职

[漫画四格]
- 第一格：你希望与什么样的主管共事？
- 第二格：最好是个帅哥
- 第三格：当老大最重要的是讲义气，帮我出头
- 第四格：说得好像我能决定似的……

什么样的男人才是最可爱的？

贪财有道，好色有品，博学有识，读书有瘾，喝酒有量，玩笑有度，经得住诱惑，耐得住寂寞，没事不惹事，遇事不怕事，在外顶天立地，在家挨打受气……

女人可以选择这样的男人，我们能选择自己的主管吗？

答案是……别做梦了，你以为在餐馆点菜呢。

那为什么还问我们希望与什么样的主管共事？

因为，面试官在判断你是否适合这个团队，其实不是让你选择主管，而是替那个主管在选择你。

一个强调执行力的老大，必然带了一帮办事麻利的小弟；一个人力资源部门，则大多希望你有较好的人际关系和沟通技巧。不同的主管、不同的部门，团队的气质、文化，甚至行事风格是不同的，所以，面试官这样问，实际上是在了解你是否适合这个团队。比如，你希望有一个教练型的主管，可以带你、教你，但所应聘部门的老大是野兽派，对下属纯放养，适者生存、优胜劣汰。那么，是否聘用你，面试官就要综合考量一下了。

面试官是通过应聘者对主管的"希望"，判断应聘者对自我要求的意识，这既是一个陷阱，又是一次机会。如果你真的如实讲，我想有什么样的主管、什么样的老板，你恐怕就上当了……因为面试官问你希望有什么样的主管，更多的，是为了看到你是一个什么样的人，了解你对工作环境的期望。

"我希望他是一个高尚的人，一个纯粹的人，一个脱离了低级趣味的人，他就像早晨八九点钟的太阳，充满了春天一样的希望……"

点评：这是耶稣吗？

"这是我能决定的吗？我觉得吧，这玩意，和相亲一个样，你永远不知道能遇到什么样的渣男，随遇而安吧。"

点评：您倒是不挑剔……

"我希望，他在工作中能照顾我的情绪，我犯错的话别严厉地批评我，能安排我做我喜欢的事，和其他同事发生矛盾的时候他能站在我这边帮着我……"

点评：这是男朋友的标准吧？

"当老大的，最重要的是讲义气，出来混，小弟犯了错，老大扛起来，否则混个啥啊，谁都愿意跟这样的老大。"

点评：这人是不是走错屋子了？

有的公司会有轮岗制度，但并不是说能做到员工喜欢什么样的主管就给安排什么样的，除非公司老板是你老爸。

那么，这样的问题，你要怎么回答，才能变成一次在面试中表现的机会呢？

想象中完美的主管，这是一件很理想化的事情，不要让面试官觉得你是一个还没开始做事就先提要求的人，所以，最好回避对上级主管具体的希望，多谈谈对自己的要求。例如，"我作为刚步入社会的新人，应该多要求自己尽快熟悉环境、适应环境，而不应该对环境提出什么要求，只要能发挥我的专长就可以了"；或者，"我希望我的主管能够在工作中对我多指导，对我在工作中的错误能够立即指出"，从主管指导这个方面谈，也不会有大的纰漏。

如果面试官还是追问你希望有什么样的主管，那就客观地对主管进行评价。例如，在大面上说说有什么要求，基本上不外乎公正公平、有事业心、有责任心、有能力等，不要说得太具体，然后还是要说说自己，如自己会努力配合领导的工作、尽快熟悉工作环境、提升自身工作能力等。

这样的面试问题，是一个典型的陷阱问题，不要过多地谈论你希望有什么样的主管，这会显得你过于自我。何况，哪家公司会根据新员工的意愿来安排他的上级主管呢？这种可能性太小了。所以，在回答这样的问题时，尽量回避或少谈对上级主管具体的希望，多说说对自己的要求。

另外，不要成天盯着主管，你能看到的，是他上午十点才来上班，你看不到的，是他熬夜加班到凌晨三点。演好自己的角色，不要总关心别人的剧本，很多比较都是趋利避害，拿自己的优点去比别人的缺点。如果你因这样的比较而愤愤不平或沾沾自喜，只会变成一个无能的怨妇或井底之蛙。

想和聪明的人在一起，你就得聪明；想和优秀的人在一起，你就得优秀。善于发现别人的优点，并把它转化为自己的长处，你就会成为聪明人；善于把握人生的机遇，并把它转化成自己的机会，你就会成为优秀者。

有人说，人生有三大幸事：上学时遇到一位好老师，工作时遇到一位好师父，成家时遇到一个好伴侣。愿君幸运如斯。

职业规划类

▶ 4.15 你为什么选择我们公司

决定你一生的,不是你拥有的能力,而是你的选择。

> 你为什么选择我们公司?
>
> 因为你们待遇好啊
>
> 这就是缘分吧
>
> 因为我女朋友也在你们公司

这是一个考察求职者是否与公司及职位适配的问题,一般出现在面试开头,所以你的回答很大程度上决定着面试官对你的第一印象。而这类问题的出发点无非是考察求职者对面试的用心程度和求职动机，对应聘公司的了解程度、对职位的匹配程度，以及求职者对这种"狡猾"的问题能不能很好地处理。

"我们为什么要聘用你"也是此类的适配问题，回答方式类似。

1．跑偏的误区

"因为福利待遇好啊，听说一天管四顿饭，零食随便吃还能打包，江湖传说，咱公司还有程序员鼓励师？"

"我对贵公司仰慕已久，你们是同行业中的霸主，老板更是我敬仰的企业家，应聘去你们分公司卖茶叶蛋是我的职业梦想……"

"能有幸成为贵公司的一分子是我的梦想与骄傲，只要你们聘用我，我一定鞠躬尽瘁、死而后已！"

"我觉得吧，这就是缘分，找工作就像找老婆，在合适的时间遇到合适的人，这都是可遇不可求的事，您说呢？"

"因为贵公司外卖好吃、前台妹子好看、老板看着好傻……"

薪资福利任何人找工作都会重点考虑，求职者和面试官心照就行了，但如果你回答时大宣特宣，逐薪而居就成了你的标签。不是不可提及，但是不能把其作为择业考量的唯一因素或者主要因素。

"因为你们公司在同行业中很有名""因为兄弟连是中国非常出色的 PHP 培训学校"，诸如此类太表面化的说辞应该尽量避免，这就好像女孩子问你为什么喜欢她，你说"你很好啊""因为你很漂亮啊"，我哪里好？我要是有一天不漂亮了呢？

表忠心本身不让人讨厌，就好像大家不是讨厌吹牛，只是讨厌自己不喜欢的人吹牛；大家也不是讨厌装腔作势，只是讨厌装得不好看。做足铺垫，有思想、无痕迹地偶尔表个恰当的小忠心，没毛病；但表得太白，就尴尬了。

2. 变成送分题

怎么把送命题变成送分题？**一定要让面试官知道你认定了他们公司**，即便这不是你的第一选择，也要告诉他们，这就是你第一且唯一的选择，面试官和求职者一样不喜欢被人拒绝。

在回答时表现出以下几点（排名不分先后）：

（1）我很了解你们。

（2）我很认同你们。

（3）我很了解我应聘的职位。

（4）我有信心在这个职位给公司带来超乎你们想象的价值。

作为求职者，面试前必须要全面、系统地了解你即将应聘的公司和职位，就算你海投简历，在接到面试通知后，也要提前做好功课。通过公司的官方网站、微信公众号或者百度、谷歌等，了解下公司的情况，如产品、历史、文化等，知道下公司在所属行业的优势，看看公司创始人的信息……所谓用心程度，就是"我很了解你们"；一无所知，只能证明毫不在意。

认同，是你与公司文化、价值观等相适应。一家团队气氛活跃的互联网公司，大多不愿意招一个不苟言笑的包青天，不是一国的没法一起玩。回答时表达下对公司创始人的崇拜，认同他的经营理念或者钦佩他的事迹；来兄弟连面试，表达一下你对教育行业发展前景的认同等，都是一种认同的形式。但要切记，千万不要过分夸大，这样会弱化你自己，给自己设置难题。

职场新人需要证明自己职业选择的确定性，跳槽老鸟需要证明自己对应聘职位的实力。每个人都会说自己喜欢这个职业，饱含热泪、爱得深沉，都会讲自己本领高强，拔个毛就可以七十二变。张三、李四、王五、赵六都会这么说，可惜，这么说是无效的。对于这道证明题，最好的证明方法是：讲故事，少说空话，打动人心的故事胜于背书式的列举。

职场新人说说自己对这个职业从知道到了解到最终决定从事这个职业的故事，跳槽老鸟讲讲自己曾经解决职场棘手问题的详细经历，从而证明你是这个职位最合适的人选，可以给公司带来价值。

回答"你为什么选择我们公司"，主要就是三个方面：对行业的了解、对公司的认同、对职业的热爱。对行业的了解，代表对公司发展前景的期待，愿意随公司发展一并成长；对公司的认同，代表价值观与行事风格和团队成员的一致性，利于快速融入；对职业的热爱，代表求职者的职业稳定性以及实力的证明。

问："你为什么选择我们公司？"

答："因为离家近。"

没有球星的命，千万别得球星的病。

4.16 你择业考虑的主要问题是什么

成长的过程，就是面对，了解，融入这个世界。

公司一个小伙子辞职了，大家都很震惊，他都穷成那鸟样了还敢辞职？于是一起参观了他的辞职信："如果一份工作占据了我所有的约会时间，又不提供足够我约会的资金，那我做下去还有什么意义？"好有志气……选择一份工作最看重的是什么？我们先来看几个错误的回答：

"我考虑的主要是工资高不高啊，福利好不好啊，工作环境怎么样啊，有没有保险和公积金啊，会不会无限提供零食啊……"

"马云说过，员工离职的原因就两点，要么，钱，没给到位；要么，心，受委屈了。其实说白了就是干得不爽，所以，我想找一家可以干得很爽的公司！"

"我不在乎钱,我就是希望提升自己的技术,公司能有人教我,不给工资都成,我是来学习的,我的目标就是让自己变得越来越厉害,成为技术高手。"

"我刚大学毕业,这是第一份工作,我觉得能有工作机会就成……"

明哥建议回答时主要表达职业可以发挥自己的专长、工作氛围和公司文化能激发自己的能动性等。凡是与物质利益有关的条件,如工资、福利、工作环境等,最好少谈,即使问到,也要把握分寸、适可而止。咱心里就是奔着钱去的,也别表达得那么赤裸裸。满嘴物质条件,证明你的稳定性和忠诚度可能会有问题,另一家竞争对手公司多给你500元,你可能就分分钟叛变革命——跳槽了。

经常有刚毕业的大学生问我，有没有到公司学习的机会，不给钱都成。不要抱有这种想法，公司要的是职员而不是学员。把职场当学校，总等着有人来教自己，帮自己画重点。拜托，公司是发钱的，学校是要收费的好吗？同样，也别因为你刚走入社会，人家问你择业考虑什么问题，你说没想法。我们可以刚入行时能力不强，这很正常，但是思想要有，这是潜力和视野的问题。

探讨：职业生涯会积累下来什么？

择业会考虑到的问题就是你的职业生涯会积累下来的东西。

大多数职场新人会考虑到的是薪资福利、技术成长、经验积累，基于此，选择一家公司，我们会考虑赚钱多不多，是否可以满足生活需要；所从事的工作及所在部门的情况等，是否利于技术成长；能不能参与一些大的项目，积累更多的经验……

技术和经验，利于自身未来更好的职场发展，所以选择一个职业的时候也要看公司的平台好不好、部门在公司是否被重视、团队是否有能人可以学习交流，甚至公司是否知名利于自己镀金，跳槽时增加筹码……

但除此之外，明哥想提醒下往往不被职场新人所重视的其他工作积累。

比如，人脉。

第一，人脉能带来什么？

小情侣吵架，女孩夺门而出打车就走，小伙赶忙打车去追，和司机师傅说"师傅，追上前面那辆车，我多给你100块"，出租车司机说"好"，然后淡定地打开对讲，"老王，我在后面你靠边停一下"……这就是人脉的作用。

电影《中国合伙人》的原型是新东方的创始人俞敏洪，他的合伙人王强是他的大学班长，他的合伙人徐小平是他的老师，这就是人脉。兄弟连教育，创业之初的两位合伙人，都是明哥在第二家公司的同事，人脉成就了大家一份共同的事业。明哥第二次跳槽，根本没投简历，是我以前同事离职去到新公司，需要一位项目负责人，推荐了我，人脉帮助我找到一份更好的工作。

从个人能力成长和人脉积累来说，如果你在一个行业混了几年，还靠投简历来找工作，明哥觉得就是一种失败，应该是猎头是 HR 来挖你！是圈内的朋友推荐你！

第二，什么是人脉？

人脉并不只是关系，还要基于你是个认真做事有点本事的人，人脉是能力+关系。所以，任何时候不要在一家公司混日子，你混没的永远不仅仅是日子，还有人脉。试想一下，如果我在之前公司就成天当一天和尚撞一天钟，同事还会推荐我去他的新公司吗？我去了继续混日子，其他人会说"这个李明谁介绍的啊，做事太差了""那个谁介绍的……"，丢人啊！谁会干这蠢事？

没有能力的人，就没有人脉！

第三，如何积累人脉？

不仅要会低头努力做事，还要学会处理人际关系。明哥对此的建议是：今天你不帮助别人，明天就不会有人帮助你；你先把别人当朋友，别人才会把你当朋友。

手机坏了或丢了，改个 QQ 签名或发条微信朋友圈"朋友们，你们手机号弄丢了，再发我下"的人，必然是没有人脉意识的，通讯录明哥至少都要做三重备份，人脉就是价值，怎么能丢呢？再比如，你正在阅读本书，却没有关注明哥聊求职微信公众号，失去了和作者交流的机会，也是一种人脉的损失。

三十岁以后，你的人脉、阅历、资源等，可能会比你的技术和经验更加重要。

再比如，阅历。

有的年轻人很喜欢安逸，做一份工作，一成不变，不学习新的知识，也懒得去换个新的环境。年轻就应该拼搏，意味着更多的可能性。明哥建议去做更多的尝试，在这个过程中增加自己的阅历。

明哥在北京的第一家公司，老板很喜欢写计算机技术图书，写完让我帮他校验，这事非常枯燥无聊，就是找细节的错误，如标点符号、错别字等。我开始也不知道这对我有什么意义，但我认真地去做，后来我发现了这件事带给我的价值，使我养成了细心的习惯，所以之后我写的文档、做的幻灯片，很少有小错误。

明哥在北京的第二家公司，做技术主管，公司当时的一个软件产品在广东销售得不理想，老板突发奇想，觉得可能是市场人员不懂技术，如果是做技术的人去销售产品呢？于是就把我"发配"到了深圳……此前，我从未做过销售或市场类的工作，但是我很想尝试一下，那不到5个月的经历让我对营销有了了解，回过头来再做产品研发，感觉完全不同了。

刚出来混，第一份工作，比赚多一点钱更重要的是利于未来的发展。所以，明哥建议你更关注专业技能的提升和工作经验的积累。工作后，除了提升能力，也要注重人脉、阅历等的积累，它们同样对于你未来的职业发展至关重要，甚至更加重要。

➡ 4.17 你有什么样的职业规划

"选择一个职业"要比"找到一份工作"更重要。

典型面试问题剖析 第4章

> 你有什么样的职业规划? —— 汉献帝
>
> 没想过,走一步算一步吧 —— 孙权
>
> 我计划三四年后自己创业开公司 —— 刘备
>
> 只要信任我,我可以干到公司倒闭! —— 曹操

一个当老师的朋友说,《裸婚时代》里的那句"我没车、没钱、没房、没钻戒,但我有一颗陪你到老的心",其不靠谱程度类似于:虽然我没看书、没上课、没复习、没做题,但我有一颗不挂科的心。你现在可以没有,但是你要做好计划。

这个面试问题很有意思,说得专业一点,"你有什么样的职业规划";说得貌似随意一点,"你未来三五年有什么目标";说得简单粗暴一点,"你能在我们公司干多久"。其实,问的都是一件事,就是职业规划。

很多求职者对这个问题非常头疼,不知如何作答。有的不理解问题含义,答非所问;有的对职业规划没概念,不知道说什么;有的心里有点小想法,但不好意思说出来。"我就是为了积累经验,方便以后跳槽",

这事你没必要直白地告诉面试官:"我计划一年内做到部门负责人",可能顾虑面试官会觉得你野心太大,不敢说。

1. 什么是职业规划

询问职业规划是要问求职者喜欢干什么工作吗?是要问求职者对这个行业或者职业了解多少吗?是想知道求职者的工作目标吗?

其实都不是……

职业规划是对自己职业生涯的目标设定和实现目标的方式及途径,是求职者本人的事,没必要大讲特讲对行业或公司的了解、对未来可能从事工作的具体规划。你可以讲讲自己的职业目标和理想。比如你来兄弟连应聘班主任,可以说自己的目标是三年内成长为兄弟连的校区教务主管,表露出能随着公司发展共同成长的意愿即可。

明哥举几个不怎么妥当的回答并做一下点评给大家参考。

"我没什么规划,大学专业是财务管理,但是我不喜欢当会计,成天数别人的钱;后来实习做销售,累得和孙子似的,干不了;现在学编程想从事这个职业,程序员不是赚钱多吗?更长远的还没想,人生嘛,有无限的可能……"

点评:职业目标不确定可能带来工作的不稳定。

"我给自己定了清晰的目标:第一,一年内通过驾校考试拿到驾照;第二,两年内练出八块腹肌;第三,三年内赚20万元,不管用什么手段、做什么事情;第四,五年内找一个女朋友结婚,生一个可爱的孩子;第五……"

点评:都是个人发展,和应聘的公司及职位没有关系。

问:"你能在我们公司干多久?"

答:"待遇给力我就干久点呗。老板如果重视我,那我愿意在这儿干一辈子,生是你们公司的人,死是你们公司的死人。"

点评:假惺惺地表忠心,没有面试官会当真。

"我的职业目标就是升职加薪，当上总经理，出任 CEO，赢取白富美，走上人生巅峰！"

点评：说了和没说一样，太空洞无物。

2. 面试官想获得什么信息

面试官问这个问题的目的是想了解：

（1）应聘者是不是一个善于制订计划和完成计划的人——计划性。

（2）应聘者在这个职位想干多久，是长期行为还是短期行为——稳定性。

（3）应聘者到底喜不喜欢这份工作，是临时起意还是志趣在此——兴趣点。

从中可以看出应聘者的就业观、职业发展方向、工作稳定性等。

你是对工作有理想、有抱负，还是漫无目的？

对应聘的职位是既喜爱又珍惜，还是无所谓？

能够在公司里踏实工作，还是一受委屈就走人？

对自己的工作有所要求、有所期待，还是死猪不怕开水烫？

懂得有计划、有方向地做事，还是自己不动脑子等着别人安排？

……

职业规划就是你的谋生方式，是饭碗。如果一个人连谋生的法子都不愿意多想，能指望他在工作上多动脑筋吗？如果一个人连自己的饭碗都不重视，能指望他重视领导交给他的任务吗？

3. 如何回答才稳妥

明哥建议：

第一，在不与面试公司冲突的前提下尽量如实回答，回答要有实际的内容来支撑，为什么选择这个职业，是基于自身条件、性格喜好或过往经历、行业前景等的考量。

第二，面试之前了解一下公司的背景与现状，在谈到规划时，可以适当地与应聘公司的发展相贴合，看起来意气相投才可能让面试官对你一见如故。

第三，强调自己有长远的规划，但是更要说明对于自己应聘的当前职位会努力做好，要对目前应聘工作有一定的了解，比如需要具备什么知识、哪方面的成长和积累，表露出成为这个行业精英的意愿。

回答示例：

"我计划在三年之后，工作能力提升到一定的水平，可以胜任主管的职位。为了达成这个目标，我会怎么怎么做……"

说明：用准确的数字，说明你是一个有清晰目标的人，说出两三个让人信服的行动意向，面试官不会一五一十地了解你的职业发展规划，只是想知道你有没有清晰的想法。

"我刚毕业，还没制定详细的规划。但我非常喜爱×××工作，我会在这个行业里不断地学习和锻炼，扩充自己的知识面，提升自己的能力，更好地胜任这份工作。"

说明：实事求是，给人务实的感觉，同时体现出你的上进心。

"我在上一份工作中积累了一定的技能和经验，但还有进步的空间，如×××，我希望在贵公司工作一两年后，不但把自己的本职工作做得出色，而且能够帮助整个部门提高绩效。"

说明：承认不足，人贵有自知之明。能提升部门整体绩效的人，不是部门的经理，就是经理的候选人，这句话既说明了你的雄心壮志，又不会过于显山露水。

关于"你有什么样的职业规划"这样的问题，需要结合自身的实际情况回答，不能人云亦云、生搬硬套，小心被面试官追问露出马脚。切记，"找到一份工作"听起来只是谋生手段，而"选择一个职业"才会把工作当成事业。

4.18 你想过创业吗

心有鸿鹄之志,也需先做好燕雀之事。

某日一创业的哥们和我闲聊:"我认识的一个年轻人,平时看着挺好的,努力工作,偶尔撸个串、喝个酒,前阵儿突然有一天,哐叽一下,好好的一个人创业了,没有任何征兆,唉,年纪轻轻的,可惜了……"没创过业的人,恐怕不理解他为什么这样讲,他媳妇常说,"上辈子杀人作孽,这辈子老公创业"。创业,不是那么容易的事情。

面对"是否想过创业"的话题,很多求职者往往不知所措,心里暗自嘀咕,"我明明来应聘个店小二,干吗问我要不要当小老板?"面试官到底用意如何?明哥先从最基本的两种回答"想和不想创业"来分析。

1. 不想创业

刚出校门的学生、工作经验不多的职场新人,可能的回答是:"没想过,暂时没考虑,目前只想脚踏实地地做好一份工作",这是一个比较中规中矩的回答。

现在很多大学都开设了创业课程,但明哥不太建议年轻人过早创业,因为当你不具备能力、阅历、人脉、资源等条件时,就算你看到了机遇,失败的概率也会很大。

现在各种媒体喜欢报道年轻人创业成功的故事,很多人看了热泪盈眶、深受鼓舞、扑通扑通跳下海就创业去了,遗憾的是成功者只是极少数。媒体不会采访失败者,所以你看到的永远是比尔·盖茨、乔布斯、扎克伯格……一片歌舞升平、满天祥云……

明哥觉得创业的底线应该是:用自己赚的钱去创业。拿着父母的钱去创业,是可耻的。大学刚毕业甚至辍学去创业,是一种选择;先做一个好员工,然后当个好主管,再有一天创业去当个老板,循序渐进,也是一种选择。没有对错,但幸运一定是能力碰到机遇。

2. 想过创业

如果我们简单地回答"想过",则会让人觉得你野心很大,在公司工作可能只是为了人脉或经验积累,待公司把所有东西都教会你,可能你就跑路单干了,这样的人相信公司是不愿意聘用的。记住,很少有公司愿意招一个心思太活络又朝三暮四的人。

那么,是不是这样的问题一定要回答"不想创业"呢?并不尽然。

回答"想过"可以看出求职者有冲劲,在工作中有目标的人往往会更努力,为公司创造的价值必然也是很不错的。而回答好自己为什么目前没去创业，会让面试官觉得你很真诚。一个真诚的人同样是公司需要的人，一个有冲劲的人可以为公司的长久发展带来福利。

如果创业只是念想，则面对这个问题可以说："想过，但还没想清楚，怎么创、创什么，只是停留在念想的层面"，这样的回答就把面试官进一步追问的念头打消了。

再者也要看这家公司的文化，如果公司文化是鼓励创业呢？在面试前，你应该对这家公司有一定的了解，有的公司需要创新、有勇往直前精神的人，公司内部的创业也是创业，如开设分公司、拓展新业务，兄弟连就有这样的内部裂变创业机制。

面对"是否有创业打算"这道面试题，首先不必顾虑，任何答案都没有对与错，你说想创业也好，不想创业也罢，不是面试官判断录用与否的标准。要明白面试官问你的目的不是要一个答案，而是要看你到底怎么想、你属于哪一类人、你的能力和特长在什么地方。其次，无论你回答想创业还是不想创业，面试官都不会真的相信，他还是会做出独立判断。

所以，不要慌张，说出自己的想法，表达自己的工作热情，或展现出工作的稳定性，或表露出对工作目标更高的期望。创业也是希望做成一些事情，如果公司可以给你这样的平台呢？所以回答想不想创业并不重要，关键是让面试官看到你是不是契合他们公司的职位需要。

薪资待遇类

⇒ 4.19 谈谈你对薪资的要求

君子爱财，取之有"道道"。

什么时候面试官会和你谈薪资？

一定是面试官对你"有点意思"，否则不会浪费感情聊这个话题。面试接近尾声，人差不多相中了，能不能干柴烈火，谈谈钱吧。对求职者来说，这是一个有可能中标的信号，接下来的节目就是图穷匕见——亮标的。

那么，谈薪资的场景什么样呢？会不会是——

面试官："你对薪资有什么期望？"

求职者："我希望六千以上！"

面试官："我们最多出四千！"

求职者："太少！起码五千五！"

面试官："五千！不能再多了！"

求职者："好！成交！"

握手，拥抱，放鞭炮……

职场谈薪，不是菜市场买土豆，薪资不是这么个谈法，千万不要天真地认为这是一个会反反复复讨价还价的过程……

HR 的顾虑：要得太高，满足不了你的期望值，即便同意入职，稳定性可能也会有问题；要得太低，则会揣测你是否因为能力不够所以信心不足。所以，谈薪资也是一项技术活。

明哥曾经微博收到过这样一条私信：

领导好，辛苦了。我不怕脏，但爱卫生。不争权贵，没有权贵，爱民不是权贵的专利，但爱百姓。生命宝贵，在于活着本人多珍惜，死后百姓多惋惜。人生自古谁无死，留取丹心照汗青。人性之美丽多在于善缘，人生之精彩多在于逆境中谁还在坚持。

前头鄂少年，

风正正年华，

一载无聊事，

心却不茫然。

应聘您助理，跪求边做边学好吗？先不要工资，提供食宿就行。

拽词甩诗、虚而不实，再华丽的辞藻也掩盖不了内容的空洞……尤其"不要工资"的说法，是职场新人求职的大忌！也许你觉得自身求职筹码低，出此下策，但是明哥要告诉你一个残忍的真相：你越"廉价"，别人越不敢用。何况公司不是学校，需要的是职员而不是学员。退一步讲，不给工资也是违反《劳动法》的。

于求职者而言，谈薪资最头疼的两种结果如下。

结果一：去批发市场买衣服，第一次还价，老板就同意了……

结果二：好不容易逮到一次机会，人生中第一个大头华丽丽地出现了，要价高了把大头吓跑了，这就不好玩了……

俗话说，谈钱伤感情，其实，谈感情也伤钱。劳动力本身就是要创造价值，这也是基本的物质保障。经济基础决定上层建筑，男人长得帅又有钱，男神；长得不帅但有钱，备胎；长得帅没钱，蓝颜；长得不帅又没钱，对不起，你是一个好人……世界上最遥远的距离，不是站在天安门广场却看不见毛主席，而是打开钱包也看不见毛主席。可是面试时要多少钱合适呢？万一要低了，拿着包月的钱干着不记流量的活，怎么办；万一要高了，快煮熟的鸭子呱唧呱唧跑了，怎么办……

1. 确认期望薪资

薪资的问题如何回答？首先要确认自己的底牌：你的期望薪资是多少？

职业的价值通常与工作经验、专业能力、所在城市、行业情况、学历背景等因素有关系，简单来说：随行就市。第一，评估自身与应聘职位的匹配度；第二，了解业内行情（招聘求职网站或百度检索信息、职业QQ群询问在职老鸟等，方法总比问题多），然后判断自己在应聘职位上能贡献的额外价值以及获得的成长机会，确认自己的期望薪资。无所准备，面试中被问起，没有想法或狮子大开口都会让你错失良机。

如果薪资要求太低，显然是贬低自己的能力；如果薪资要求太高，又可能造成招聘公司受用不起。公司都会提前定下招聘职位的薪资预算，甚至有的招聘信息中会透露薪资情况，明哥建议你说出期望的具体数目，而不要说一个宽泛的范围，那样你将只能得到最低限度的数字。给出具体的数字，表示你明确自身的价值、了解人才市场行情。

若是跳槽，那明哥建议你不要轻易说出前一份工作的薪资。之前待遇水平不高，新公司会觉得你可能期望也低，会给你一个较低的薪资，进入公司后再谈待遇就困难了；之前待遇水平较高，新公司会担心你即便来工作了，可能也存在不稳定性。谈薪资讲究的是愿打愿挨、你情我愿，简单来说就是两个字：契合。

2. 谈薪资的参考方式

简单直接型："我期望的薪资是……"

记住，你说出的数字起码要对得起你自己！在了解市场行情的基础上，不妨大胆直说你的想法，遮遮掩掩或委曲求全，将来"哑巴吃黄连"的只会是你自己。要知道，入职后你很难在短时间内获得大幅度的涨薪，等发现开价低了再讨价还价，会让公司觉得你是一个不会估算自身价值的人。

委婉含蓄型："我相信贵公司有成熟的薪酬体系……"

这是一种礼貌的赞美，只有发展健康且正规的公司才会建立严谨、成熟的薪酬体系。如果对期望薪资拿捏不准，尤其职场新人应聘业内名企，那么这也是一种方法，可以表露你的意愿，先让对方喜欢你。如果心仪的公司无法满足你的薪资要求呢？如果抱有成交期望，则可用一些迂回的手段，比如，询问试用期满表现超出预期是否可以予以调薪；争取一些福利，如交通、租房、电话等津贴；要求增加非现金报酬，如培训、转岗机会等。

谈薪不要扭扭捏捏，劳动本身就是要产生价值，了解业内行情，结合自身能力，与面试官大大方方地谈即可。另外，薪资包括底薪、绩效、福利待遇、五险一金（养老保险、医疗保险、失业保险、工伤保险和生育保险及住房公积金）等，明哥建议你最好在入职前确认个清清楚楚、明明白白，包括上班时间、休假等。否则一旦上班后才发现"怎么和想象的不一样"，这时候再反水找补，双方都会非常难受和不爽。亲兄弟还明算账呢，所以，君子爱财，谈个明白。

总之，回答这个问题，要表现出你的自信以及你对自身能力的肯定，让面试官觉得你就是他们想要的人才，说服公司你值得他们在你身上花的每一分钱。

4.20 谈谈你对加班的看法

有一天你得到晋升，一定不是因为加班，而是因为你进步了。

谈谈你对加班的看法 慈禧	加班就是领导工作安排不合理！ 孙中山
有加班费吗？ 张勋	我不接受加班 袁世凯

下午大家工作得迷迷糊糊、摇摇欲坠时，老板说："我从国外带来了咖啡，大家试试吧。"喝完后，老板问怎么样，员工说："果然不一样啊，神清气爽。"老板说："既然大家都不困了，那我们今晚加班吧"……

加班，是一个特别容易招骂的问题，几乎所有的求职者都是闻者气愤、听者懊恼。

有的立刻义愤填膺："加班不人道！要么是领导工作安排不合理，当老大的无能；要么是公司见不得人清闲，当老板的变态！所有要求加班的公司都是耍流氓！"

有的马上开始谈判："有加班费吗？走得晚管饭吗？打车回家能报销吗？第二天能晚到吗？"

有的速度大表忠心："加班，一定是工作需要，作为公司的一分子，义不容辞啊，为了公司发展壮大，削尖脑袋向前冲！领导让我往西走，绝对不会往东看！老板指哪我打哪！"

有的给面试官上课："加班证明了一家公司的经营有问题，人员结构或工作安排不合理产生了工作之外加班的情况，这要么是公司人手不够，要么是工作安排不好。而且加班会增加运营成本，加班产生的水电费也是钱啊……"

可能还有个别嗷嗷耿直的求职者直接怼了回去，"不能接受加班"……

这貌似是一个很难回答的问题，过于实诚，可能会尴尬；过于虚伪，可能会更尴尬……

实际上，很多面试官问这个问题，并不证明一定会经常性加班，可能只是提前测试下你是否愿意为公司奉献。

直不楞登地回答"不能加班"，估计多半就没有然后了；傻了吧唧地说"愿意加班"，又担心入职后公司会不会让我往死里加班，加得欲仙欲死……愿意不行，不愿意更不行，如何是好呢？

对于职场新人，明哥给一个参考性的回答：

"如果工作需要，可以加班，我现在单身，没什么家庭负担，可以全身心地投入工作。但同时我也会提高工作效率，尽可能减少不必要的加班。"

一方面强调工作需要，可以加班，这是表达意愿，同时说明可以加班的自身条件，这是证明所言不虚；另一方面也强调自己工作效率较高，留有余地。碰到这种面试问题，不必激动，也不用紧张，表露对自己工作能力和工作安排的自信，说明工作需要能够加班的意愿就行了。坦率地说，作为刚出来混的职场新人，你谈判的筹码不多，先得到机会才是最重要的。不要琢磨公平这回事，这个世界永远都是不公平的，关键是不断地努力，让自己有一天可以站在这个不公平的世界里对自己有利的位置！

即便有一天你成了老鸟，可能因为工作需要，也避免不了加班，如果只是突发事件、偶然情况，明哥倒是觉得也正常，你的回报一定与你的投入成正比，人生的差别就在 8 小时之外！但要记住，加班和进步是两回事，有一天你得到晋升，一定不是因为加班，而是因为你进步了。一份没有成长只有工资的工作对你可能就是最大的风险，如果你只是廉价地出卖你的劳动力，而没有真正从中获得任何成长，那你就需要警惕起来了。

关于加班，说说明哥的一点看法。

1. 是不是加班都有必要性

根据明哥的职场经历，还真不一定都有必要性，确实有的老板喜欢仪式感的加班，没什么非加班不可的事，就是喜欢看到员工下班不走……变不变态？变态。你要不要忍受？这就要看物质回报方面值不值得你忍，或者，你有没有更好的选择了……记得一个不太修边幅的哥们和我说过，只要年薪给我××万元，别说穿西装领带上班，就是三围都打上领带天天顶着花盆进电梯我都愿意。你看,钱给到位,天使都能剪了翅膀给你倒夜壶……社会很现实,有实力才有发言权。刚出道的时候会有一段蛰伏期,这段时间在职场碰到不公平的对待就是"要么忍,要么滚"。不断努力让自己更强大,只有你的强大才能让你的世界变得更美好。没有肌肉的人,只能抱怨,没法反抗。

换个角度看这事儿,倘若你正年轻,成长才是硬道理,就算领导心理不健康,喜欢看员工下班没事不走坐在工位上,你不妨借此机会多自我学习,没坏处,毕竟学到的本事是自己的。一个背井离乡的新人,离开了公司又能做些什么?该学的、该研究的东西,不都在公司里吗?回去后十有八九就是在舒适圈中浑浑噩噩。下班早往往是对自己没有更高的要求,下班晚不是为了给领导看,而是对得起自己的每一天,能够更快速地成长。

2. 加班对我有什么好处

有一句话,"拿多少钱干多少活",有没有道理?有,但是基于一个前提,就是你不期望在职业上有更大的发展。根据明哥的经验,天天朝九晚五准点上下班的清闲工作,基本没有几个是赚钱多的。明哥不是煽动愚忠,也不是为资本家代言,但是一个人可以升职加薪,一定是做出了超出本职工作的业绩,付出了更多的努力,工作需要的加班是一种形式。

这个世界有时候很简单,付出总会有回报,早晚而已;但付出不一定马上会有回报,春天播种,秋天才会收获。明哥刚出来混的时候就明白这个道理,所以每次老大交给我的临时任务,不管是不是由我负责,不论要做多久,我都毫无怨言地接下来。我知道,一方面这是自己成长的机会,另一方面回报早晚会发生。事实证明,确实如此,老大的回报陆续变现成表扬、奖金、升职……

永远不要因为工作辛苦而辞职,如果你讨厌或者厌倦你现在的工作,换工作不是根本的解决方法,不会游泳的人换个泳池也没用,根本的办法是改变自己的态度。这个世界上没有任何一个平台叫"钱多、事少、离家近",你对工作付出几分,工作就对你回报几分,如果暂时没有回报,那只能证明你的付出还不够。

面试过程中关于加班的问题,于面试官而言是一种试探,看你的压力承受能力、你的工作意愿;于你而言是一种态度选择。

对于长期加班,相信绝大多数人都会反对,明哥也对此深恶痛绝,我们不能牺牲健康和生活,这家公司的文化和管理可能也有问题。对于偶尔加班,明哥觉得可以理解,紧急情况需要处理,甚或因为是新人效率不高导致的加班,合情合理。所以,大可不必苦大仇深、掀桌而起,面试时淡定地表露意愿即可。当然,如果确实因身体原因或家庭情况等无法加班,也不妨直言不讳,否则,入职后工作也难以长久。

➡ 本章小结

兵无常势,水无常形,能因敌变化而取胜者,谓之神。

这个世界上最宽广的是海洋,比海洋更宽广的是天空,比天空更宽广的是面试问题范围……本章内容必然无法涵盖所有的面试问题,总计20个典型面试问题及类似问题,明哥剖析至此。正所谓"授之以鱼不如授之以渔",本书只是导航,导航给的是方向,代替不了汽车;明哥给的是指引,代替不了你自己,只希望抛砖引玉,各位读者可以举一反三。

面试官也是人,人的想法可能千奇百怪,虽然其中有一定的规律可循,但是不乏意料之外的问题。老师的工作是为学生打开一扇门,让学生自己走进去,不能使劲地把学生推进去,也不能把他们拉进来,因为走进来必须是学生自己的事情。讲得再多,没有体悟也是按图索骥,明哥希望透过这20个典型面试问题的剖析讲解,大家能够参透面试套路,知道面试官的用意何在,以不变应万变,融会贯通。记住,面试的智慧就是：你若简单我比你还简单，你若复杂我比你还复杂。

明哥相信，对于任何职场新人而言，求职都不是一件容易的事情。

也许你会遭受挫折、经历失败，因而怨声载道、怨天尤人，每个人都可能有过负能量。从心理学的角度来说，世界上只有两种人没有负能量，一种是死人，另一种是精神病人。所以，其一，这很正常；其二，你要正视。你若不能天生丽质，那只能天生励志。

求职，别总试图问面试官为什么，多想想自己凭什么。

明哥曾经看到这样一段描述感情的话："我不知道接下来会遇到怎样的人，但我能肯定的是，无论对方是怎样的人，她同样渴望着我优秀，所以我不需要把大把的时间拿来幻想未来应当如何，而应该把所有的等待都用来武装自己，只是为了当有一天遇见你时，能够理直气壮地说，我知道你很好，但是我也不差。"求职也是如此。

总是担心和幻想面试官会问什么是不对的，重要的是你做了什么准备，能够让你在面试官面前坦然自若，"我知道公司很好，但是我也不差"。

在求职路上可能会历经坎坷，记住，你摔过的每一次跤，日后都会成为你的江湖宝剑，替你披荆斩棘，一路向前……不用害怕失败，那会成为你的勋章，成为有一天你撸串喝酒时的谈资。

第 5 章

如何顺利度过试用期

通过面试拿到录用通知书,求职算是成功了一大半。但是千万不要掉以轻心,接下来,你还需要面临一次严峻的考验:试用期。

试用期是用人单位对劳动者是否合格进行考核,劳动者对用人单位是否符合自己要求也进行考核的互相了解、双向选择的考察期。在试用期内,用人单位和劳动者都有权随时解除劳动合同。

在试用期内,你需要做两件事情:第一,判断这家公司是否符合自己的要求;第二,证明自己可以胜任所从事的工作。

首先,在办理入职前,针对需要谈明白、说清楚的"条件",明哥再次提醒一下大家都有哪些需要注意的问题。其次,对于职场新人来说,试用期大多是两三个月,最长为六个月,明哥选取了其中最重要的三个时间节点——第一天、第一周和第一个月,分别讲解一下需要注意的方方面面。

5.1 入职前必不可少的确认事项

面试时不好意思谈福利待遇等细节，入职后发现和预想的大相径庭，这种心理落差造成的员工离职，无论是对劳动者还是对用人单位来说，都是一种损失。

记住：丑话不说在前面，丑事就会发生在后面。

最表面的"条件"就是薪资，薪资包括底薪、绩效、提成、奖金等，所以要确认清楚。你的期望薪资是 5000 元，这里面可能会有很多理解偏差。比如：

5000 元，是税前还是税后？去除保险及公积金个人部分扣款后，个人所得税免征额为 3500 元，超出部分需要纳税，实际到手金额与 5000 元有差异。

5000 元，是底薪还是底薪+绩效？绩效必然需要考核，考核是否达标是绩效发放的参考，当然存在变数。明哥不是说绩效考核这事不对，而是提醒一下二者的差别。

5000 元，试用期是否全额发放？刚入职场的年轻人，试用期薪资基本都会打折促销，大多为 80%计薪发放。

薪资方面务必确认清楚，不要自以为"应该是这样吧"，亲兄弟还要明算账呢。入职前谈钱不会伤感情，但入职后谈感情一定伤钱。

你关注的问题务必要问清楚，如试用期是多久、是否需要长期出差、有没有年假、上下班时间、是否有交通补贴和午餐补贴等。不是每一项都需要问，这会显得你过于锱铢必较，挑最关心的问，其他的可以一句"贵公司还有什么福利待遇"概括，面试官自然会挑重点讲给你听。

明哥的第一份工作，只问了试用期是多久以及试用期和转正后的薪资。有经验的职场人士在跳槽时还会关注得更加具体，比如缴纳社保和公积金的基数等。

你做销售，连提成如何计算都没弄明白；工作性质是经常加班，连是否有加班费都不知道……稀里糊涂就入职了，工作中再矫情这些事，于公司来讲，郁闷；于你而言，活该，谁让你在入职前不问清楚？

5.1.1 关于试用期的猫腻

职场新人往往劳动法律知识淡薄，明哥通过三个典型的问题给大家提个醒吧。

1. 试用期一般是多久

《劳动法》规定，签订不同期限的劳动合同，试用期也有所不同。合同期限在三个月以上不满一年的，试用期不得超过一个月；合同期限在一年以上不满三年的，试用期不得超过两个月；三年以上固定期限和无固定期限合同，试用期不得超过六个月。

不同公司、不同职位，对试用期的规定会有所不同，具体要向面试官询问确认。

曾经有刚毕业的学生问我，签订了三年劳动合同，是不是必须工作满三年后才能离开？

"劳动者解除劳动合同，应当提前30日以书面形式通知用人单位。"《劳动法》明确赋予了劳动者辞职的权利，劳动者单方面解除劳动合同无须任何实质条件，只需履行提前通知的义务即可。

2. 试用期不上保险吗

试用期包含在劳动合同期限内，而在劳动合同期限内，用人单位为劳动者办理缴纳五险一金（养老保险、医疗保险、失业保险、工伤保险和生育保险及住房公积金）是法定义务。

在现实生活中，很多中小企业并不正规，试用期不为劳动者缴纳五险一金。职场新人往往对此不够了解和重视，明哥简单科普一下。第一，尽量找正规的缴纳五险一金的公司，因为保险就是保障，如养老保险可以在你缴费 15 年以上达到法定退休年龄时领取社区养老金；医疗保险可以部分报销你患病去医院治疗产生的费用；而公积金是不计税的，在买房、租房、装修等多种情况下可以提取。第二，个人缴纳部分，以北京为例，养老保险公司承担 20%，个人承担 8%；医疗保险公司承担 6%，个人承担 2%，这个比例各地略有差异，但大体相同；而公积金公司和个人都承担 12%。这里还有一个缴费基数的问题，也就是说，你的工资是 5000 元，未必就按 5000 元来缴纳，基数可能是 3000 元，具体需要询问应聘公司确认。关于保险和公积金，明哥不再赘述，但是建议职场新人最好自己多了解一下，因为这同样是关乎切身利益的大事。

3. 试用期不签订劳动合同吗

《劳动法》明确指出，建立劳动关系就应当订立劳动合同。用人单位最迟应该在劳动者开始为其工作时与劳动者签订劳动合同，而不是在试用期满后签订。

《劳动法》是保护劳资关系中处于劣势地位的劳动者利益的法律，明哥建议初入职场的年轻人应该有所了解，同时也应从网络上获取一些相关信息，这对了解和维护自身的权益很有必要。

5.1.2 保密协议与竞业禁止

办理入职，HR 拿出了保密协议，内容写得很唬人，能不能签？

明哥的建议是：签。

有人说，可是其中有的条款非常不公平、不合理。

明哥的建议还是：签。

为什么？因为其中不合法的要求不会得到法律的支持和保护。

公司的合同、制度、管理规定等不能违反国家法律法规，否则就算你签字同意，一样无效。打个不太恰当的比喻，明哥媳妇对明哥有拥有权，想把明哥卖给特朗普当美国廉价劳动力，明哥同意，毕竟也算出国了，特朗普也想买，三人都赞同，但是这事不行，因为法律规定不允许买卖人口，就是这个道理。

再者，作为职业人，遵守保密协议也是一种基本的职业道德，无论在职或离职，都不应该把公司的机密，如客户信息、项目报价、产品源码甚至公司通讯录等泄露给竞争对手。别干带枪投靠的事，想想抗日战争期间汉奸的下场……

还有程序员问我："明哥，保密协议约定我在上班期间写的所有代码都是公司资产，我想不通。"有什么想不通的，公司支付了劳动报酬，不就相当于购买了你的劳动成果吗？你要是厨师可坏了，"菜都是我炒的，我自个都吃了"，老板能拿着菜刀追你八条街……

有的用人单位在劳动合同或保密协议中约定了竞业禁止，简单来说，就是从原公司离职后不能去与原公司有竞争关系的公司任职或创业做与原公司同类的业务。

如果你问我："明哥，能签吗？"

没错，你猜对了，明哥的建议是：签。

首先，你觉得你不签还能入职吗？

其次，《劳动法》规定竞业限制期限不得超过两年，所有超过两年的约定只是虚张声势。

最后，竞业禁止生效的条件之一是，用人单位需在劳动者的劳动合同解除或终止前支付 12 个月平均工资的 30%作为经济补偿。如果没有支付呢？那就是一张废纸……权利和义务是对等的。根据明哥的经验，大多数公司的竞业禁止说白了都是吓唬人，不会支付经济补偿。

倘若应聘公司确实希望做竞业禁止，一方面你要考虑是否影响职业发展，另一方面要和对方明确约定竞业禁止的范围、地域、期限，经济补偿的多少也是可以谈的。

5.1.3 契约精神的实在意义

有些不规范的公司，在试用期甚至转正后都没有与劳动者签订劳动合同，建议入职前询问清楚。如果没有签订劳动合同，则在发生劳动争议时你手无"凭据"，在提请劳动争议仲裁或者诉讼时没有证据证明存在劳动关系和约定的工资待遇等，这不利于维护你的权益。

维护什么权益呢？比如，合同期满，公司不续约，则需要支付每工作一年一个月的工资作为补偿金。若公司无合理理由辞退你，违法解除劳动合同，则应每工作一年支付两个月的工资作为补偿金；若公司拖欠、克扣、降低工资或变相调岗等，你被迫提出辞职，协商解除劳动合同，公司应支付每工作一年一个月的工资作为补偿金。经济补偿金，以你离职前12个月的平均工资计算工资标准，满6个月不足一年按一年算，不足6个月则补偿半个月的工资。如果解除劳动合同没有提前一个月发出书面通知，则除了支付补偿金，还要多支付一个月的工资作为代通知金。

记住，只有白纸黑字签了名盖了章才靠谱，在职场上，不要轻信口头承诺。正所谓空口无凭，何况如果承诺你的人离职了呢？或者他说忘记了呢？

正如在没有拿到Offer（录用通知书）前，不要放弃任何机会。不论自我感觉面试发挥多么好、面试官看着多么喜欢你，何况有的面试官对你微笑点头只是出于礼貌。即便拿到Offer，它并没有法律效力，对方取消职位招聘，不需要承担任何法律责任。假如招聘企业的入职时间一拖再拖，则很可能是内部调整，或者正在考虑其他候选人。

所以，在没有确定入职前，不要放弃任何机会。说句难听的实话，HR对《劳动法》的了解强于你百倍，和老鹰玩捉迷藏，多留个心眼吧。

人是容易遗忘或者说喜欢选择性遗忘的动物，与其相信对方说得天花乱坠，不如相信一纸承诺，相信自己眼前所见。面试时，每个求职者都会表现出自己最好的一面，每个 HR 在介绍公司时都会说得前景远大，是不是如此，都需要时间证明。

不仅仅是合同或协议，包括工作中确认的事宜，尽量不要相信口头告知或承诺，谈好的事情，要用邮件等文字形式确认，以便于留存和查证。

有些事情不发生最好，但是如果发生了呢？要学会保护自己。害人之心不可有，防人之心不可无。

5.2 入职第一天，建立美好的第一印象

初识一个人的第一天所建立的第一印象尤为深刻。想象一下，三年后，你在这家公司身居要职，公司聚会把酒言欢之时老板说："小王，我到现在还记得你第一天上班时牛仔裤拉链没拉……"

入职第一天，明哥的第一条建议是：淡定自若，别慌张。

也许这是你人生中的第一份工作，或者跳槽换了一份新工作，心情难免激动，有对新环境的期望和担忧，可能因此而忐忑不安、想得太多。调整心态，要有自信，记住，这家公司之所以选择你，说明你是优秀的。不知所措、言不达意、心神不定，只会让面试的 HR 和部门主管心里暗自嘀咕："糟糕，是不是我选错了？"

在穿着打扮方面，若非职业要求正装，则一般不要穿得太随意，稍微正式一点、干净整洁即可。即便你是富二代，也不要穿名牌服饰，小西装捯饬得和新郎官一样，一伸胳膊露出了十几万元的名表……职场新人穿着谨慎点比较安全，太过高档的服饰有显摆的嫌疑。下班了，主管坐上他的大众，看你开着宝马从他身边呼啸而过……除了造成不必要的

妒忌，仇富心理会让很多人对富二代有天然的负面判断。反之，衣着邋遢会让人感觉懒惰散漫、不拘小节。

此外还要注意的是"早中晚"。"早"，第一天上班绝对不能迟到，也不用太早到，临上班前一二十分钟到就好；"中"，不要傻乎乎地带饭，中午吃饭和部门同事一起走，在食堂聊天时，人家问什么，有什么说什么就行，不要胡乱打听公司的事情；"晚"，不宜下班拎包分分钟就跑，和同事一个时间段走，没准儿还有顺路的可以交流一下。

独立不是独来独往，白天在公司，工作和生活分不开，一起吃午饭，就算你不是每次都主动的那个人，也不要特立独行。工作中只有吃午饭是最能够放松消遣、交流感情的时候，这是同事之间增进感情、促进合作默契最重要的一件事。彼此的了解、认可，很大程度都建立在吃饭这件事上。

入职第一天其实做不了太多事，主要的事情就两件：一是办理入职手续；二是熟悉工作环境。明哥的建议也很简单："任人摆布"，让你干什么就干什么。

一般会有人力资源部门的工作人员引领新员工办理相关手续。

首先要搜集相关资料，包括学历/资历证明、照片、离职证明等，HR大多会提前告知报到当天所需携带的物品，务必带全。其次，可能还会填写员工登记表和劳动合同存档备案，领取办公用品等。

诸如身份证、毕业证等证件只留复印件，如果收原件，则有足够理由相信这家公司可能另有企图。另外，明哥提醒大家，如果在学历、身份证、工作经历等方面作假被发现，则劳动合同无效，你拿不到任何赔偿。

之后工作人员一般会提供一个流程，告诉新员工去哪些地方办理工作证、就餐卡、领取电脑、开通工作邮箱等，按流程逐一办理即可。注意在进行自我介绍时要礼貌谦虚，介绍不必如面试般详细，简单如"您好，我叫××，是××部门的××（职位），主要负责××，希望大家以后多多指教"就行了。安顿好之后，就可以到部门报到了。

接下来，HR或部门主管可能会带领你认识与工作相关的部门及同事，接人待物注意礼节，友善微笑、和蔼亲切是标准姿势。把握好人际交往的节奏，避免过分热情或过分疏远，尽快融入团队。另外，HR会介绍公司的各项规章制度，让你学习员工手册，务必认真对待，这里面清晰地列出了你的权利和义务，一般会囊括如考勤、休假、福利等方方面面。学习后会让你签字确认，代表知晓，日后触犯，惩罚也有依据。

第一天最后的事项就是熟悉工作岗位。如果是主管口头介绍，则要认真倾听，不懂就问；给你与职位相关的文档查看学习，要认真阅读，若有不明白的地方，不要一发现就问，多积攒一些问题一并询问。

入职第一天大体如此，一般不会做太多的具体工作，主要是了解公司及工作环境，关键是给同事留下良好的第一印象，愿与你共事。

明哥建议当晚回家后进行总结。若是人生第一份工作，则不妨写一篇日记，明哥至今仍记得第一天入职报到的时间及主管的名字、我对公司和同事的印象等。多年后翻看，会是宝贵的回忆，这毕竟是你职场的开始。

5.3 入职第一周，树立专业的职业形象

入职第一天，"露脸"的时间有限，同事和主管只是对你有一个简单的印象。入职一周后，接触的机会增多，才会对你有一个初步具象化的了解。

大多数公司会在新人入职后安排新员工培训，旨在介绍公司基本情况，使员工了解所从事工作的基本内容与方法，明确工作的职责、程序、标准，灌输公司及部门所期望的态度、规范、价值观和行为模式等，帮助新员工顺利适应公司环境和新的工作职位，尽快进入角色。

务必引起重视，认真对待。一般而言，公司新员工培训的内训师除了人力资源部门的工作人员，还会有公司主管甚至老板。如果你在参训期间表现不佳，那么他们可能会直接反馈给人力资源部门，这种负面评价往往是致命的。

参加新员工培训，带好纸笔记录重点，只肉身出现纯靠记忆力，站在台上的讲师一眼瞄过去，你就是没打算认真听的架势，在校园青春片里，你一准就是活不过两集的学渣。

听课时手机一定不要响，调成静音或振动。课程中思路被铃声打断，就算同事和讲师不说，心里也一定在默默鄙视你不够职业。更不要接听电话，除非你有一个小心眼儿的女朋友查岗，不接电话晚上得回去跪方便面。万不得已的情况下，和讲师招手示意出去接听。

座位如果没有安排，那么明哥建议你尽量往前坐，这是一种学习态度，同时也更容易给讲师留下印象。

全程认真听讲。如果你在新员工培训时都心不在焉，百无聊赖地玩起了手机，甚或趴在桌子上睡着了，那么我估计你很快就"呵呵"了……

新员工培训，更多看到的是你的学习意识和工作态度。参训之后，应该整理一下学习笔记，如果要求提交，则务必再次整理完善，发送给

相关人员；即便没有要求，也应该整理笔记发送给自己的部门主管。

从自然人到职业人，是从按兴趣做事到按工作需要做事的过渡，从为人处世来讲，要够职业。

不谈论私人问题。就像不要问女孩子年龄一样，不要轻易询问对方的薪资，刚认识几天就问人家"哥们儿，你一个月挣多少钱啊"。没有哪家公司的薪资是完全透明的，告诉你吧，不合适；不告诉你吧，好像不给你面子，你弄得人家很尴尬。职场是工作场所，不问婚姻，不问宗教信仰，不问健康状况。你今天看到我了，"哎哟，明哥您今天气色不好啊，是不是感冒了""没，没感冒"；"那您是不是肠胃不好啊""没，挺好的"；"看您这脸色，是不是肾有点虚啊"……怎么着，你不问出点事来不舒服是吗？职场可以表达关心，但没必要刨根问底。

不在背后议论别人。俗话说，爱说是非者必是是非人。初入职场，少说多听。切记，爱听闲话的人一定爱传闲话，你说别人的坏话，那个人早晚会知道。就算同事问你之前公司的情况，也不要贬低。把前任说得多么不堪，就是在诋毁当年的自己，他有多渣，当年的你就有多瞎。闲谈莫论人非，静坐常思己过。

不谈论格调不高的事情。"你知道吗，李明老师是个花心大萝卜""听说了吗，隔壁项目部的老王要离职了"……这些家长里短、小道消息、男女关系等，除了降低你的形象，没有其他任何作用。

你的主管不会方方面面列出对你的具体要求，原因很简单，在考核结束前，考官为什么要给你提示答案？一周的时间，大概可以看出一个新人对于工作的态度、方法及效率。

这是一个很大的话题，明哥分别举一个例子来说明。

（1）态度。试用期的工作内容可能不会太多，但不要让自己无事可做，在完成工作任务后不要闲坐或闲聊，询问主管有什么其他工作安排，或主动学习与工作内容相关的知识。主动性与积极性是试用期考核的重要方面之一。不要忙完了手头的事情，喝着茶水，玩着手机，跷着二郎腿，晃晃荡荡地过完愉快的一天……

（2）方法。明哥刚工作的时候犯过一个特别傻的错误，主管交代任务，讲了半个多小时，安排了不止一件事，我回到座位一想，"老大刚才讲了几件事？三件？嗯，对，三件"，其实讲了四件，我漏掉了一件，被骂得满头包……后来我学聪明了，每次接受任务时带着纸笔做记录，并在主管讲完后和他逐一确认，包括任务的重要或紧急程度、完成时间、所需帮助等。

（3）效率。执行力是按时、按质、按量地完成任务，但保障执行的是反馈。初入职场的人最容易犯的错误是，希望全部结果出来之后再向主管呈现。周一入职，主管交代了任务，要求周五下班前完成，你一周闷不吭声，周五上午主管问"是不是快完成了"，你说"老大，我做不出来"，你信不信他想打死你的心都有？你应该阶段性地汇报进度，不一定当面汇报，可以发送电子邮件，写明"完成了百分之多少，有什么困难和问题，需不需要协助等"，他知晓才会放心。记住：如果让你的主管追着你问事情的进度，那么你的能力就要被打一个很大的折扣。

一个人的工作能力除了专业知识，更重要的就是工作的态度、方法和效率，这决定了你的工作成绩。

初入职场，一定要谦虚，什么都不会，你甚至连自信的资本都没有，凭什么傲娇？当同事和领导说话时，不要抢话、不要插话，因为你说的不对会打乱对方的思路，而且不够尊重人。谦虚是一个人能否长久成长、不断结交朋友的关键要素。也不要害怕同事比你强大，这才会激发你的进步。比尔·盖茨曾经说过，"没有人会在乎你的尊严，你只能在自我感觉良好之前取得尽可能多的成就"。

5.4 入职第一个月，如何做到非你莫属

曾经有新人问明哥：如何在职场上快速成长？

最简单的方法，做个换位思考：如果你是主管，那你希望有什么样的员工？

一条条写出来，接下来要做的是：把自己变成这样的员工！

很多年轻人成长得慢，就是因为成天想"我就是一个小职员啊"，因而变得斤斤计较，什么事该我干，什么事不该我干，这事该张三做，那事由李四负责，这个问题该王二麻子管，那种情况我处理不了必须由老大亲自解决，所以你干了三五年，还是一个小职员……

这个世界其实很公平，没有付出就没有收获，你不主动承担责任，你的能力必然没有成长；你不先把同事当朋友，同事自然也不会把你当朋友，最终你也不会得到同事的信任和主管的委以重任。

站在更高的位置要求自己，有一天你才能真的站得更高。

入职一个月是一个重要的考核时间点，新人是否符合要求也可以大

概下个定论了。公司的人力资源部门一般也会在新员工入职满一个月的时候做一次跟进，了解主管对新员工工作的评价，以及新员工对工作、主管、公司等各方面的看法。

职场生存法则恐怕可以单独写一本书，明哥结合自身的经历，讲其中我觉得最重要的五点，给大家提供参考。

5.4.1 服从命令听指挥

好员工的标准，如果说得简单一点，就四个字：听话，出活。"听话"就是服从命令听指挥，"出活"就是做出成果有业绩。"出活"是立足之本，但无论如何不要忘记"听话"是前提条件，能打硬仗、胜仗的刺头毕竟是少数，而且过硬易折。

服从是进入职场要学会的第一件事。服从不代表不可以有不同意见，而是如果与主管意见相左则要服从命令，这是基本的职业素养。

接受工作任务，听清楚后说"明白了"，要说得斩钉截铁、干脆利落。讨论时，不要急于表达自己的想法。先全部听完，等对方讲完了，再表达你的看法，不要随便否定别人，除非你能提出建设性意见。开会时，相关事宜记在本子上，你不可能靠脑子记住所有的细节和灵感。执行工作，尤其是需要其他人配合的时候，多思考、多询问，没有人会讨厌好学、努力的人，只要你够谦虚，你的"老师"就会有很多。上交工作的时候，尽可能超出预期，否则，你的职业发展空间就有限了。

明哥在一次求职经历中，一位面试我的技术主管问："如果我和总裁给你的命令不一样，那你听谁的？"我说："听你的。"这不是谄媚，而是游戏规则，不要越级沟通，这是职场大忌。

有的年轻人容易犯一个错误，"我有一个好点子，我不能和主管说，他该窃取我的创意邀功了，我得和老板讲"。记住，你越级沟通的那一刻就意味着你已经失去了主管的信任。越级沟通会造成公司管理混乱，不要干这样的傻事。什么时候可以越级？除非你的主管徇私舞弊，所做的决定会造成公司重大损失，你可以越级申诉。

职场不是你家，角色感和场合感很重要，这个地方不相信眼泪和撒娇。你不是大小姐或少爷，发脾气，无论你占不占理，都会被打上"脾气不好"的标签。想在短时间内洗掉这个标签，是非常困难的。就算之后有所改变，也只是"他脾气变好了"而已。董明珠有一句话讲得很对，"要让上级哄着你做事的，请回到你妈妈身边去，长大了再来面对这个世界"。

负能量就是职场病毒，没人会喜欢爱抱怨的家伙。越是出色的人越善于在缺乏条件的状态下把事情做到最好，越是平庸的人越是对做事的条件挑三拣四。优秀的员工只要告诉他要做什么事、要什么效果，他就会想办法搞定。做你没做过的事情叫成长，做你不愿意做的事情叫改变，做你不敢做的事情叫突破。当有人逼迫你去突破自己时，你要感谢他，他是你生命中的贵人，也许你会因此而改变和蜕变。

怀才不遇的行为特征是共性的：想法多，但做事少，希望别人给他准备好行动条件，自己却不去创造；稍遇挫折就抱怨，不能容忍外界一丝不公，不愿意自己解决问题；协同能力弱，充满自负地看待同事，认为别人不配与自己共事；人际关系差，与上司矛盾重重，总是用鄙视的心态看待上司，认为坐在那个位置的人应该是自己，他有何德何能……

5.4.2 事前问清楚，事后负责任

职场最令人讨厌的三个字是什么？

我不会？我忘了？其实都不是，是"我以为"。

工作中听到"我以为"，接下来一准儿开始找借口、编理由、说原因……

你以为你以为的就是你以为的吗？不清楚就要问清楚！

永远不要指望别人交代任务事无巨细！如果他什么都考虑得非常周全了，那么你的价值在哪里？你又如何成长？

永远不要讲"我以为"这三个字，这只是无能的表现。比勤奋更重要的是深度思考的能力，是预先的确认，是准确的执行，是及时的反馈，这样你得到的才会是结果，而不是下场。

学会动脑筋，了解清楚主管的关注点，了解清楚这件事的核心重点，用最精益的方法达成它。如果连这些都不清楚，那么你的产出一定不会满足要求，更别说超出预期了。不要自作聪明，不要自以为是。

做错了就认，根据明哥的经验，认错才能少挨骂。

"你怎么能犯这种错？"

"老板，不是我的错，是那个小李……"

"这事就是你的错，关小李什么事……"

"老板，那个客户有问题……"

"和客户有什么关系……"

你一直解释，就一直被骂，老板越骂越生气。错了咱就认，挨打就要立正，负起责任。出了错后不要过多解释，解释就是掩饰，掩饰就是事实，事实就是你错了还不想承认。

"李明，你这事怎么搞成这个样子？"

"老板，我错了！"

"哎呀，不是我说你……"

"老板，我马上去处理……"

他还好意思骂你吗？谁好意思骂一个一直认错的人？

你以为老板骂你会对你印象不好，心里一直记着？你错了，老板根本没有时间思考对你的看法，他骂你只是希望你能快点成长，来分担他的压力、解放他的时间。如果他对你有看法，就根本不会花时间、费口舌，而是找机会直接裁掉你就行了。

再者，错了都不敢认或不想认的人，以后谁敢重用你？你在职场得不到机会！机会永远属于愿意承担责任的人。弱者才推卸责任，强者有智慧地承担责任。

事前问清楚，就是多动脑；事后负责任，就是有担当。

5.4.3 反思批评，不犯重复过错

错了要认，是第一步；认了要改，是第二步。被别人指出问题的时候，最好的态度就是觉得赚到了。

试用期最容易被淘汰的一种新人就是重复犯错。第一次出了错，教你一遍；过了几天，同样的错误又犯了一次，耐着性子又教了你一遍；不到两周又出错了，还是一样的错，你的主管扭头直奔人力资源部门了，"这家伙我带不了，换一个吧"。

重复犯错会让别人对你失去信心！

第一次是不知道；第二次是不小心；第三次，你是不是故意的？

反思批评，仔细琢磨，放在心上，不犯重复过错！

孔子曾赞扬他的弟子颜回"不二过"，从不犯两次相同的错误。这种境界太高了，咱们至少要做到在短时间内不犯相同的错误。失败不是成功之母，只是失败者的借口，总结才是成功的亲娘。用心总结经验教训，同样的错误不犯第二次。

做到闻过则喜。别人批评你，证明你还有进步的空间；别人指责你，是因为认识你、在乎你。听到别人指出你的错误或缺点，表示欢迎和高兴，虚心接受意见，你才能不断进步。犯错并不可怕，可怕的是你明知道自己错了，却不敢于承认错误、改正错误。

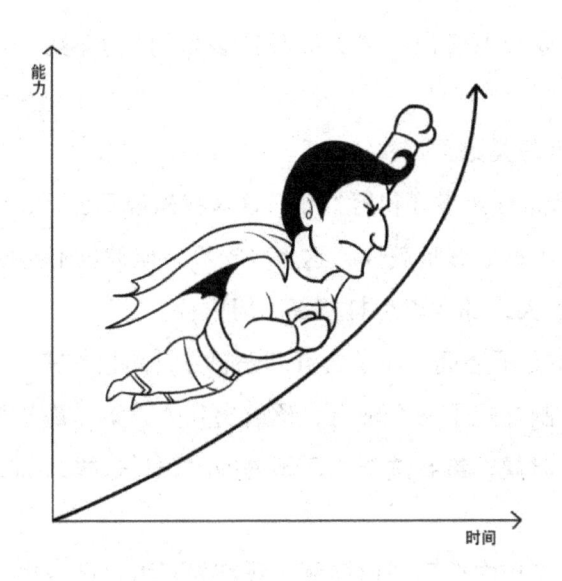

5.4.4 给选择题而不是问答题

试用期被淘汰的原因可能有很多，比如，领导心烦你唱歌，领导讲话你唠嗑，领导夹菜你转桌……但若是评选个"之最"，明哥觉得是：不懂就问。

进入职场后，如果你还觉得谦虚好问是一种美德，那你会死得要多难看有多难看。切记：领导是资源的提供者，而不是问题的解决者。

新人入职后大多会有一个师傅带领，可能是你的主管，也可能是一名老员工。师傅当然不仅是给你念紧箍咒的，还可以请教问题，但是切记：不要不懂马上就问！

多年前，明哥还是个愣头青，一天去找 Boss，推门就问："老大，这×××的事怎么办啊？"然后就被 Boss 训了许久……

Boss："以后别动不动就来问我怎么办，你是帮我解决问题的，不是把问题交给我解决的。你一问我，我就告诉你，对我来说就是犯贱！"

明哥："老大，为什么啊？"

Boss："我告诉你该怎么办，你按我说的去做了，办砸了，别人指责你的时候，你会怎么说？老大让我这么做的！对不对？我就成了'背锅侠'！"

明哥："好像是这么回事……"

Boss："我帮你想辙还得背黑锅，这对我来说不公平，而且对你也不好，你以后就习惯了张嘴就问，这多轻松啊，但你也不会成长了。"

明哥："老大，那我以后打死都不问你！"

Boss："不是不能问，而是要自己先想方设法找答案，实在解决不了再问！你绞尽脑汁想了一个晚上，琢磨出几个方案，都觉得差点意思，写下来，问的时候，给我选择题而不是问答题！这样，你会成长，我也轻松。"

此后，在工作中遇到任何问题，我都先努力自己解决，实在搞不定的，带着自己所能想到的所有方案去敲 Boss 的门，他要做的就是，拿着铅笔在他觉得可行的方案上打个钩，然后帮我补充、给我建议……至今我还记得他说的，"想都不想推门就问，要么是你懒得要死，要么是你想推卸责任"。其实，这个世界上根本不存在"不会"这回事，当你失去所有依靠的时候，你自然就什么都会了。

上学的时候大家应该都有这样的经历，遇到不会的问题，张嘴就问老师、问同学，得到的答案你不会印象深刻，只有自己碰了满头包，别人给你一点解决问题的思路，你才会刻骨铭心。自己悟到的才是经验！一个新人，一项很重要的能力就是学习能力，是学习的意识与方法，可以从中看出一个新人的成长潜力。习惯性地不经思考、不懂就问，没有太大的培养价值。千万不要把 Boss 当百度使！

记住：请示工作说方案，汇报工作说结果。请示工作，给 Boss 选择题而不是问答题；汇报工作，展示功劳而不是苦劳和疲劳。当你发现老大的活被你干了，那么你离成功就不远了。当你发现你的活被老大干了，那么你离下岗就不远了。

5.4.5 积极的职场心态

你做任何事情所得的结果都是由你做这些事情时所持的心态所决定的。

关于这个话题，明哥讲三点职场新人应该具有的心态：自动自发、乐于付出、赢在执行。

1. 自动自发

一架飞机飞起来要靠它的发动机，靠几辆汽车是拉不起来的。见过杀猪吗？如果干什么都需要前面有人拉着、后面有人推着才动，那就离死不远了……

在工作中，最好永远别讲这些话：

这事我不会、没人来教我、这事该找谁、这事不怪我、为啥要我做……

知道你的同事和主管最喜欢听到哪些话吗？应该是：

这事我来做、这事我顶着、这事我负责……

所谓自动自发，对待工作，勤奋主动，不要一味等着别人来安排，职场不喜欢"守株待兔"的人；对待公司，敬业热情，把职业当成自己的事业，责任面前抛弃借口；对待老板，忠诚感恩，做一名忠实的"船员"，学会站在老板的角度想问题；对待自己，诚实自省，做人做事诚字为先，不抱怨、不逃避、不找借口，时常反省自己。

2. 乐于付出

孙俪在拍《芈月传》时，被爆出一集的片酬是 80 万元，各种仇富的"键盘侠"抱怨"演员的钱真好赚"。邓超在微博上晒出孙俪背几大本台词坐着睡着了的照片，各种"键盘侠"继续抱怨，"给我 80 万元我也能背"。他们搞错了一件事：不是先给 80 万元你才背台词，而是因为你努力背台词才有 80 万元。

记住，在职场上，不是有了回报再付出，而是付出了才有回报。别人只会因为觉得你行而给你机会，不会先给你机会让你证明你行。这个世界很简单，只有付出才有收获。

3. 赢在执行

你有没有过这样的情况：

总是一边担心着未来一边浪费着时间，也不知道哪里来的自信，整天不好好学习、不认真工作，但总感觉自己有一天会赚大钱，而且这种感觉异常强烈。

想得太多、做得太少，害了不少人。执行力差有两种典型的情况：一种是懒惰导致的拖延；另一种是害怕失败的逃避。

一件事情需要很久才能做完，一定拖到最后再做，就是拖延。谁都喜欢偷懒，但是要记住，你不可能一辈子都很懒，那样你只会一事无成。不要在最能吃苦的年纪选择偷懒，你现在不累，以后会更累；你现在不苦，以后会吃更多的苦，晚吃苦不如早吃苦。

因为害怕失败而不去行动是最愚蠢的事情。什么人不会犯错？只有什么都不做的人才不会犯错！只要做事就可能会犯错，边行动边修正、边做边改就好。船停在码头最安全，但那不是造船的目的，0.1 永远大于 0！

明哥相信，如果能做到以上 5 点，你的老板就会很喜欢你。做起来一定没那么容易，但是，今天你必须做别人不愿意做的事，明天你才可以拥有别人不能拥有的东西。

另外也要记住，永远不要说"我就是个打工的"，别人不会因为这句话而同情你，只会因为这句话而轻视你。事业都是自己的，你学会的东西，公司留不下，别人偷不走。

有人说用打麻将的精神去工作，这世上恐怕就没有什么干不好的工作了。什么是麻将精神？

（1）随叫随到，从不拖拖拉拉。

（2）不在乎工作环境，专心致志。

（3）不抱怨，经常反省自己，"哎，又错了"。

（4）永不言败，推倒再来。

（5）牌好牌坏都努力往更好的方向打。

（6）从不嫌弃工作时间太长。

（7）最主要的是始终抱着能赢的心态。

最后，明哥灌一碗鸡汤吧：

不要羡慕别人的成功，那是牺牲了安逸换来的；

不要羡慕别人的才华，那是私下的努力换来的；

不要羡慕别人的成熟，那是经历与沧桑换来的。

可以欣赏，但不要嫉妒，因为那都是别人应该得到的。你应该关心的是你想得到什么样的生活、你为此付出了多少努力。

第 6 章

老司机教你做职业规划

明哥并不觉得自己的职业生涯有多么成功,甚至有很多次失败……

所以,第一次有人邀请我去大学办讲座,一开始我是拒绝的,毕竟自己混得并不好,我就建议他们找像马云那样的成功人士。朋友说(hu)服(you)我,"成功的学经验,失败的学教训,都是一种学习,你来吧,何况,你的头型还自带光源"。我细想之下觉得有些道理,就着了他的道,虽然后来我知道他根本请不到马云,而且请我又不用给钱……

卡耐基曾说:"每个人生命中有两个最重要的决定,它们可能造就你,也可能毁灭你,将深深地改变你的一生。这两个重大决定是什么?第一,你将如何谋生;第二,你将选择谁做你孩子的父亲或母亲。"

本书最后一章,明哥聊一聊职业规划。正所谓,"人无远虑,必有近忧"。职业发展是一个长期的过程,如何做好规划、步步为营,是明哥最后想和大家探讨的重要话题。

6.1 诸葛亮和施瓦辛格

这是一个奇怪的组合，明哥通过这两个"古往"和"今来"的人物，展示一下职业规划成功的案例。

诸葛亮的职业生涯近乎圆满，就源于他的职业规划。

首先，个人职业发展定位清晰。

诸葛亮从小就胸怀大志，以春秋战国时期著名的高参管仲、乐毅为奋斗目标。榜样的力量是无穷的，你有什么样的偶像，就代表着你想成为什么样的人，诸葛亮立志要做谋士中的霸主。职业目标明确，还需具备相应的才干。诸葛亮隐居乡间耕种之时，饱读诗书，广交名士。

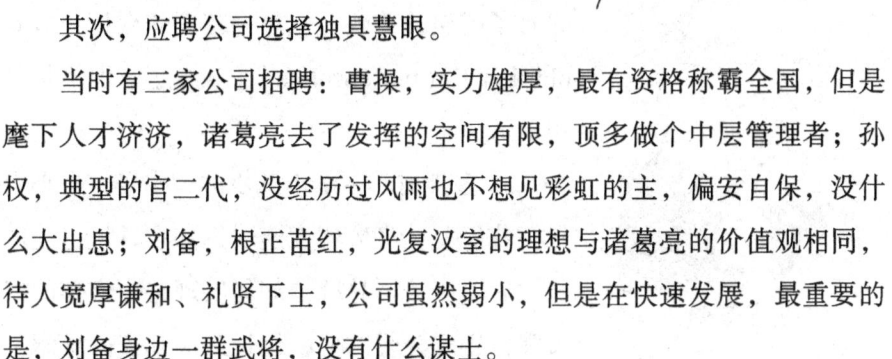

其次，应聘公司选择独具慧眼。

当时有三家公司招聘：曹操，实力雄厚，最有资格称霸全国，但是麾下人才济济，诸葛亮去了发挥的空间有限，顶多做个中层管理者；孙权，典型的官二代，没经历过风雨也不想见彩虹的主，偏安自保，没什么大出息；刘备，根正苗红，光复汉室的理想与诸葛亮的价值观相同，待人宽厚谦和、礼贤下士，公司虽然弱小，但是在快速发展，最重要的是，刘备身边一群武将，没有什么谋士。

最后，应聘准备和面试发挥做得登峰造极。

躬耕陇亩，娶妻娶贤，诸葛亮在个人营销方面打造出踏实肯干的形象。广结襄阳名士，时常与之高谈阔论，每每锋芒毕露，自比管仲、乐毅，还自作了一篇《梁父吟》表明心志。诸葛亮的卓越才华与求职意向等重要信息就这样通过别人之口传到了刘备的耳朵里。出来混，不仅要

明哥聊求职

有本事，还要会玩套路。

接下来的故事就是大家耳熟能详的"三顾茅庐"了。这次面试，诸葛亮测试了公司老板的诚意。在面试过程中，诸葛亮向刘备陈述了三分天下之计，分析了曹操不可取、孙权可作援的形势，后世称之为《隆中对》，讲得一针见血、有理有据、铿锵有力，这要说没做面试准备谁信啊？刘备听完大为叹服，奉为上宾。

诸葛亮这份工作干到了什么地步？刘备临终之时托孤让位，同诸葛亮讲，"如果阿斗扶不起来，你就收拾收拾自己当皇帝吧"。你说这工作得干成什么样啊……诸葛亮也非常有职业操守，辅佐后主鞠躬尽瘁、死而后已，留下了一世英名。

三国时期，群雄逐鹿，人杰辈出，多少怀才不遇者不为人所知，诸葛亮通过职业选择上的完美谋划，改变了自己的命运。

施瓦辛格，明哥最喜欢的好莱坞影星，他主演的《终结者：创世纪》在2015年上映时我去看了凌晨的首映，电影中有一句台词："I'm old, but I'm not obsolete."（我老了，但不是没用）那一年，他68岁。

50多年前，一个十几岁的穷小子，自小生长在贫民窟，身体非常瘦弱，却在日记里立志长大后要当美国总统。如何实现这个宏伟的抱负呢？年纪轻轻的他，经过几天几夜的思索，拟定了这样一系列的连锁目标：

美国历届总统十之八九当过州长 → 竞选州长需要财团支持 → 最直接的方法是娶一位豪门千金 → 需要出名混入上流社会 → 成为名人的快速方法是做电影明星 → 当明星需要具备一些基础条件。

照此思路，他开始步步为营。他发现从练健美开始是一个好点子，便开始刻苦而持之以恒地练习，几年以后，凭借一身雕塑般的肌肉，他囊括了欧洲、世界、全球、奥林匹克的健美先生。22岁，他踏入美国好莱坞，利用在体育方面的成就，花费了十年时间，在演艺界声名鹊起，拍摄了很多知名的动作影片。当他的电影事业如日中天时，女友的家庭在他们相恋9年后，终于接纳了他，他的女友就是赫赫有名的肯尼迪总统的侄女。2003年，他退出影坛，成功当选美国加利福尼亚州州长。

他最终没能当上总统，因为美国并不如想象中自由，美国宪法规定，非美国出生的公民不能担任总统职务，而他是移民。即便如此，施瓦辛格的一生已然足够辉煌，做运动员的时候得过那么多次世界冠军，拍电影在好莱坞留过手印，从政时相当于我国的省长或直辖市的市长……

与其说这是一个关于梦想的故事，我更愿意认同这是一个关于职业规划的案例。施瓦辛格的经历告诉我们：职业规划有多远，我们也许就能走多远。

有职业规划不一定能成功，但是没有职业规划一定不会成功。

6.2 职业规划的误区

职业规划的理解偏差不仅无法给职业发展助力，甚至会成为"绊脚石"。

"我性格内向，想找个销售工作自我改变一下。"江山易改，本性难移，这个想法不切实际。

"我三十岁了，做职业规划来不及了。"种一棵树最好的时间是十年前，其次是现在。

"还没毕业，职业规划等工作后再说。"车到山前没有路，你还能愚公移山啊……

"年轻就是资本，尝试越多工作越好。"不像放大镜一样聚焦，就必然不会产生燃点。

"多考点证书，就能找到好工作。"证书只能证明你的应试本领，重要的是能力。

"看看师哥的成功轨迹，我照葫芦画瓢。"每个人都是不一样的个体，无法复制。

甚至有极端的职业规划无用论，或者把职业规划当成太上老君的仙丹……

明哥讲解5个典型的职业规划误区，给大家提个醒。

误区一：错把理想当目标

小时候，大人问我："长大后想做什么？"明哥喊过两个口号，一个是当军人，另一个是当医生，到现在，一个都没实现，就像过生日吹个蜡烛许个愿，我说了个理想，没有把它变成目标。理想是我们追求一个结果的最终表现，而职业规划是一个过程。比如你的职业理想是做销售总监，你要从业务员做起，下一个职业目标是销售经理。

另外，职业目标要明确具体。我在兄弟连的开班典礼上问：同学们，你们来兄弟连学习有什么目标？答：我要找份好工作。这太过笼统。第一个问题：好工作的标准是什么？赚钱多？大公司？技术成长快？利于积累经验？你最看重哪一点？举手表决，好，假设是赚钱多胜出，那么第二个问题：赚多少钱算赚钱多？一名同学觉得赚4000元就挺多，另一名同学赚8000元还嫌少，没有标准……同样坐在这间教室里，想赚8000元的同学和想赚4000元的同学的努力程度应该不一样吧？第三个问题：多久找到这份工作？你要做什么准备？要符合目标的 SMART 原则：明确、可量化、切实可行、注重结果、有时间限制。

误区二：错把行业当职位

前不久一名大学生问我：毕业去银行工作怎么样？我问：应聘什么

职位？他自己都不知道自己想做什么、能做什么，要知道，最终录用他的是具体的公司和具体的职位，而不是行业。当你把行业当作要应聘的职位时，更多暴露的是你没有核心竞争力，更没有形成核心竞争力的意识。

比如，你想应聘与计算机相关的技术职位，首先结合自身条件和志趣，你是喜欢写代码，还是想做运维，或者偏好设计；若是想当程序员，是想做 PHP，还是 Java，或 HTML 5……这才能具体到一个职位，然后掌握具体职位的工作内容，胜任工作要求，一步一步实现你的职业规划。

误区三：错把就业当择业

校园中广泛宣传的"先就业后择业"明哥并不认同，这在很大程度上误导了大学生的就业观念。计算机专业的学生找不到工作，我先去做销售吧，以后有机会再做回 IT 行业。你回不来的……在职业发展的层面上，选择比努力更重要，方向都错了，走得越远只会离目标越远。你找不到工作是因为能力不够，你应该去学习强化技能，而不是放弃职业，选择退而求其次。

把就业当成择业，以为做什么工作都能学到东西，这纯属胡扯，隔行如隔山。必须选择与职业目标相关的工作，记住：两点之间，直线距离最短。更何况，人的职业生涯是有限的，不要把过多的时间用在选择职业上，而耽误了在适合职业上的奋斗时间。也不要把专业当择业，你学什么专业，并不代表你一定要从事什么职业，因为你大学所读的专业可能并不适合你。如果第一选择是错误的，那没必要错上加错，不要被所学专业限制，在错误的道路上越走越远。

误区四：错把知识当技能

知识不是力量，运用知识才是力量，而运用知识就是技能。知识是你知道什么、理解什么，技能是你会做什么、能做好什么。有的大学生在求职时，在简历中把所学的专业及课程列得非常详细，很明显的误区是，他把所学的专业当作了自身的能力。比如，你通过了英语四六级考试，你能和外国人对话吗？

在应聘任何职位时，不要把所学的理论知识当作职位要求的操作技能。大学里开设了一门课程"操作系统原理"，上班后连在电脑上装个Windows系统都搞不定，空有一肚子理论知识是不能解决任何问题的。

误区五：错把过程当结果

假设你的职业理想是做技术总监，那么晋升轨迹可能是：程序员→技术组长→项目经理→技术总监。这条途径上的每个阶段都是为实现技术总监这个最终结果服务的，但是当你做了项目经理后，就没有向技术总监晋升的意识和斗志了，最终项目经理就成了你的职业结果。你可以欣赏一阵子风景，但是永远不要忘记向前奔跑，忘了为什么出发。

明哥一直不赞成因为怕本科毕业找不到工作而考研，考研也是过程，而不是结果，你研究生毕业后一样会面临找工作的问题，是否考研应该基于你的职业规划需要。虽说条条大路通罗马，但你最好找一条最近的路！

唐僧每次介绍自己："贫僧唐三藏，从东土大唐而来，去往西天拜佛取经。"他清楚地知道：我是谁，我从哪里来，我要到哪里去。职业规划非常明确，永远直指目标。所以，有熊徒弟不是事儿，妖怪多不是事儿，连女儿国都不是事儿。

我是谁？
我从哪里来？
要到哪里去？

6.3 明哥那些年的失败与成功

有人说，世界上最浪费时间的事就是给年轻人讲经验，讲一万句不如让他自己摔一跤。眼泪教你做人，后悔帮你成长，疼痛才是最好的老师。可我总在想，如果我年轻的时候有人和我讲下面这些话，那该多好……任何人生建议其实都是老生常谈，但那些你听不进去的老话总有一天会让你感慨万千。

明哥和大家分享一下自己的职业生涯，算是案例剖析吧，通过明哥的经历与反思，说说对于择业、工作、跳槽、转行、创业等的看法。

6.3.1 迈入职场第一步

考大学选专业是人生的第一次职业定位，糟糕的是，多数人的选择是什么专业热门就报什么，所以毕业后没有从事本专业的大有人在。明哥当年也是如此，后来努力流的汗都是在找补当年脑子里进的水……

明哥在第 2 章中已经给过大家职业选择的建议，本节不做过多讨论。首先，切记要选择一个有前途和钱途的职业。这是先决条件，倘若不满足这个条件，那么无论你多么喜爱，又或者具有什么天赋，都不应该将其作为自己的职业发展方向。基于此前提，接下来主要考虑的两点是兴趣和能力。对此，明哥的建议基本如下图所示。

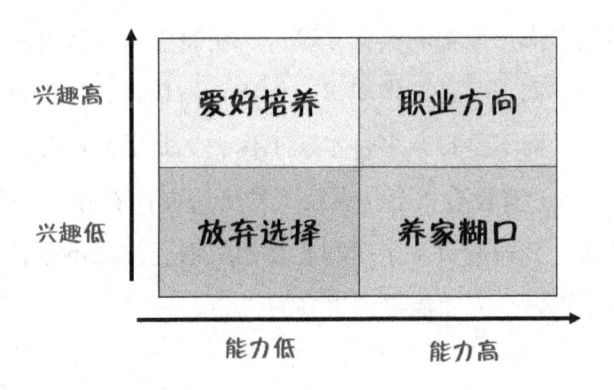

	能力低	能力高
兴趣高	爱好培养	职业方向
兴趣低	放弃选择	养家糊口

不确定自己的兴趣，回忆一下你最喜欢做的三件事；不确定自己的能力，回忆一下你最擅长做的三件事，从中可以发现自己的兴趣和能力所在。一个没有自我表达欲望和想象力的人，当了画家；一个不喜欢循规蹈矩、遵守规则的人，考了公务员；一个不爱处理人际关系、与人沟通的人，做了老师……这都是一场灾难。

人生最幸福的事情就是：你喜欢从事的工作，你恰巧具备不错的天赋。

明哥上大学以后，父母给我买了一台电脑，它带领我进入了一个不一样的世界。喜欢新鲜事物、乐于尝试的我，每天爱不释手，之后买各种各样的电脑图书和杂志看，去网吧兼职做网管，毕业设计做了一个财务软件（部分功能）……在这个过程中，我慢慢找到和坚定了自己的职业方向。时至今日，每次敲击我的机械键盘，清脆的声音、流畅的感觉，都让我有一种"键盘在手，天下我有"的错觉和快感。后来我终于明白，你最愿意做的那件事就是你真正的天赋所在。

迈入职场的第一步是在求职前确定自己的职业选择并做好相关能力的准备。否则，你的职业生涯初期可能会浪费大把的时间用来寻找，这场长跑你从起跑那一刻就已经输了。很多人认为找工作是临近毕业才需要开始想的事，努力是工作后才要开始做的事，你的等待只会导致你被社会所淘汰……

第一份工作选择的重点不是选择一家大公司或小公司，不是离家远近，甚至不是考虑待遇福利高低多寡……明哥觉得最重要的是是否利于成长，看三个方面：一是工作职责，你负责做什么，工作内容是否符合你的职业规划，而不是打杂多过本职工作；二是团队情况，部门有没有能人，有多少人，有没有机会站在巨人的旁边向他看齐；三是公司业务、发展情况如何，公司和员工是船和船员的关系，皮之不存，毛将焉附，只有公司有发展，个人才能得到更多的机会。

明哥的第一份工作，公司并不大，试用期1200元，转正后1500元，即便在多年前这个薪资也很低，当时不乏其他的工作机会，但我毅然选择了这家公司，就是看中了这份工作的成长环境。值得庆幸的是，时间证明我的选择是对的。刚出来混不要只看重薪资福利，更重要的是专业技能的增长和工作经验的积累，这种成长一定会带来附加值，两三年之后你可以几倍赚回来当初的"损失"。在抱怨自己赚钱少之前先努力，学着让自己值钱。

　　孙悟空还是猴子的时候，只能和一群小猴子玩耍。学了一身本领之后，可以和牛魔王称兄道弟，跟龙王呼来喝去抢宝贝。大闹天宫之前，巨灵神都不把他放在眼里；大闹天宫之后，托塔李天王都对他毕恭毕敬。到雷音寺之前，他对菩萨只能顶礼膜拜；等成了斗战胜佛之后，他和菩萨成了哥们儿。孙悟空的经历告诉我们：自己成长了，才会有更好的平台；人可以不成功，但必须要成长。

　　人生的第一份工作，多少会有些担忧和顾虑，担忧自己能不能做好，顾虑领导和同事会不会好相处……明哥建议你，别有太多无用的顾虑和臆想，这除了会让自己失去信心，没有什么太大的裨益。与其忧虑不如行动，你总会有一个成长的过程，竭尽全力去做就好，多思考想方法，多总结找规律，多承担去努力。

　　这个世界很简单，付出才有收获，就像电影《功夫熊猫》中，师父对阿宝说："如果你只做能力范围之内的事，你就永远不会有进步。"做好本职工作，只能说明你配得上到手的薪水而已。你能得到升职机会，想获得更多的物质回报，一定是因为在这个职位上做出了超越这个职位本身的业绩和表现！记住，不要在做事之前先讲条件。

　　不是官二代和富二代的明哥，第一份工作，可以说是闻鸡起舞、悬梁刺股，没怎么休过假，

周末和长假不是在学习就是在工作，在北京两年，没去过长城、故宫、颐和园。穷人家的孩子早当家，成长才是硬道理。因为稚嫩，所以勤奋，像海绵吸水一样吸取知识，强大自己。刚入行的爬坡阶段，如果你比较愚钝或者熄了火就惨了，因为好的开始是成功的一半。

　　明哥提醒一下，不要因为觉得工作不爽而离职，老板不喜欢，同事不可爱，工作太劳累，关系太复杂……其实，几乎所有的工作，不爽的事情都是大同小异的。不要总琢磨老板会剥削你、压榨你，熬过这段时光，呼吸到上层的空气，你才不会被替代，你才会有话语权，你之前所受的委屈才会换来更多的尊重。

　　那么，什么时候选择离职，或者跳槽换个环境呢？

6.3.2　人生第一次跳槽

　　接下来，明哥犯了一个愚蠢的错误：做了不到一年的自由职业者。

　　自由职业，说白了就是没固定工作，做项目、兼职讲课、参与国家课题……可能因为对钱的渴望吧，什么赚钱就干什么，最多的一个月收入近两万元，在十多年前，对于一个毕业两年的毛头小子来说，算是不错的收入了，这也让我迷失了自己……

　　后来，失恋的打击，加上老妈始终觉得这不是长久之计，在软硬兼施之下，明哥人生第一次决定听天由命：回家乡参加国企的招募考试。之所以说听天由命，是因为我并没有打算复习准备，但考试还是会竭尽全力，考中与否，悉听天意。万幸的是，差了几分，并未中选，也许是冥冥中自有安排吧，但自此之后，明哥知道，我命由我不由天。

　　这将近一年的时间，不能说没有成长和进步，但确实有限，从职业规划上来说是一步臭棋，希望各位读者不要犯我当年的错误。

　　如果并非政府机关或国企、大学之类的"铁饭碗"，那么恐怕在一家公司终老一生的可能性很小，跳槽是每个职场人都会遇到的命题。职场打拼就好似球场踢球，每个人都要找到自己的角色，都需要找到一家收留自己的俱乐部，不论是第一阵容还是替补，都要不断增强自己的能力，随时做好准备，有机会的时候牢牢把握。你的勤奋和努力一定不会白费，教练会看到，老板会看到，球探也会看到，你的未来会是球星还是无球可踢，都由自己决定，你可以转会，也可能有一天退役，这就是球场。职场也如球场……

什么时候跳槽？

明哥觉得，要么你在这家公司已经没有上升的空间，无法学到更多的东西；要么你已经学到足够的知识，可以在新领域或新平台上一展身手。

跳槽，应该是斜上角45°的提升。一家不如一家那不是跳槽，那是跳井。平移？因为同事挤兑，上司不重用，姥姥不疼舅舅不爱，最后走人？那不是跳槽，是落荒而逃。

跳槽的成本非常高。首先，你的下一家公司不一定比这家好；其次，你要适应新的工作内容、新的团队、新的企业文化，这需要过程。所有的开始都意味着冒险，所有的重新出发都取决于你的勇气！

明哥并不建议频繁跳槽，选择第一份工作要谨慎，而跳槽更要慎重。

记住：每一次跳槽都应当是一次成长。

跳槽需要做什么准备？

你要做的基本工作就是：明确目的，知道身价。

明白了这两点，哪怕你最后不离开，也可以在和领导提出加薪申请的时候有一个价格参考。

跳槽只是一个念头，付诸行动，需要太多的后续动作。包括你的能力的自我梳理和评价，你在现在的原点如何看待未来的规划，还有你的硬件设施，比如你的简历、你的面试经验、你的人脉资源、你的消息来源等。所有这些都准备到位，你的跳槽才会成为切实可行的落地行动。临时起意只会一败涂地。

明哥"听天由命"之后返京，闭门思过，决定找一家有成长空间的公司。后来，明哥应聘到一家在美国上市的中国香港公司，办公地点在北京寸土寸金的东方广场。自由职业者这段经历，明哥只是赚到了一些钱，能力成长得并不快，对未来职业成长需要积累的管理经验、人脉资源等，更是近乎为零。在这家公司里，我是部门里做得最好的员工，后来我的经理升职为总监，我就变成了经理，最多时管理近50名下属。

打高尔夫球的老虎伍兹第一次得世界冠军，有记者问："你有没有想过得了冠军后能赚多少钱？"他说："我从来不去想能赚多少钱，我只需要成为行业第一名，钱一定会追着我来！"做到第一名，或者至少前三名，变成那个让老板担心的人，担心不给你升职加薪的话竞争对手就会来挖你，你自然会得到机会。

年轻时，不断地走入学习区；年老时，舒适区才会大，恐慌区才会小。你所做的事情也许暂时看不到成功，但不要灰心，你不是没有成长，而是在扎根。

明哥的第一份工作，更多的是专业技能的成长；第二份工作，更多的是管理经验和人脉资源的积累；而第三份工作，我开始独立负责一个项目，从项目的运营到团队的组建，事必躬亲。每一次跳槽都是一次阶梯形的成长。

在这个过程中，明哥也曾面临一次职业生涯最艰难的抉择……

6.3.3 转行，艰难的抉择

很多人以为，职业生涯规划是一成不变的，其实不然，是要根据公司情况来调整的。

人有两条路要走，一条是必须走的，另一条是想走的。你要把必须走的路走漂亮，才可以走想走的路。在工作过程中，必然会因工作内容或职务变动使你偏离原定的职业规划，你要在热爱和生计之间做出选择，既对得起梦想，又担得起生活的责任。

明哥原本只是做技术，我一直认为我最终的职业目标会是一名大公司的架构师或技术总监。在工作中，我经常做一些内部分享和给客户做产品介绍，后来有了一个意想不到的机会：做技术讲师。

在看这本书的读者中可能不乏现在或曾经做着一份没有前途或者没有兴趣的工作，又或者机缘巧合有另一个职业发展的机会，怎么判断是否需要转行？

明哥考虑了很久，才做了这个决定。

其实，这样的职业发展变化，于我而言，还是会做技术，并非完全抛弃本行，但是未来的职业方向则会大不相同。

之后，我做了一次SWOT分析：优势（Strengths）、劣势（Weaknesses）、机会（Opportunities）、威胁（Threats）。针对新的职业选择，把这4项中可以想到的点都在纸上列出来，你差不多就可以得到答案了。当然，这要基于充分的自我认知和对外部信息的了解。

职业发展的SWOT分析

优势 S： 1. 好为人师，乐于分享 2. 具备一定的语言表达能力 3. 技术经验丰富	劣势 W： 教学经验欠缺
机会 O： 1. 随着IT行业的发展，人才需求暴增会带动教育培训领域成长 2. 薪资期望值较好 3. 敬佩的两位企业家都当过老师，一位是马云，另一位是俞敏洪	威胁 T： 如若转行失败，则会损失技术成长关键期的宝贵时间

经过分析，我发现优势多于劣势，机会大过威胁，据此做出了自己的选择。

相比拍脑袋，SWOT 分析更加准确、科学。如果有一天你也面对是否应该转行的困惑，那么试试明哥的方法吧。

从基层员工到部门经理，从部门经理到项目总监，从项目总监到如今兄弟连教育联合创始人，我是如何最后上了创业这条"贼船"的呢？

6.3.4 创业，痛并快乐着

大海中发生了一场大灾难，船翻了，上千人掉在海里死亡。媒体乘着快艇过去，用探照灯照向海面，一眼望去全是死尸。突然发现有个人还活着，赶紧把话筒伸过去：请问你创业是如何成功的？

你在媒体上看到的创业故事永远都是成功者，因为失败的人不会有媒体采访。不要看到成功人士的分享，听得热血沸腾，脑门一热就去创业了，大学生创业成功的概率不到5%！甚至有的人之所以创业，是因为"我同学创业了，我也想创业""找不到工作，我去创业吧""打工赚钱太少，我要创业赚大钱"……当创业成为一种时髦、一种逃避、一种随大流的时候，创业本身已经变了味道。

现在的年轻人很有想法，不过对于创业，明哥觉得，最好等具备一定的能力、资源、阅历、人脉、资金后再去做，成功的概率会高一点。不想当将军的士兵不是一个好士兵，但是连一个士兵都当不好，你怎么当将军？

有些想创业的朋友，连商业模式都没想清楚；还有的缺乏启动资金，只是一个点子就梦想找到风险投资……明哥当年和小伙伴一起创业，是因为我们看到了一个有发展潜力但几乎没有竞争对手的领域，团队成员各具优势可以互补，有一笔就算牺牲掉也不会影响生活的钱，也想清楚了怎样去一步步运作。

就这样开始了，期间跌跌撞撞、摸爬滚打，走了不少弯路，有过害怕，想过放弃，琢磨琢磨还是要坚持，总算九死一生地活了下来。2016年5月，我们拿到了上亿元的投资；2016年9月，在新三板挂牌上市（股票代码：839467）；现在，我们依然在路上。

不要羡慕别人眼前的成功，能百毒不侵的人，都曾经伤痕累累；能笑看风云的人，都曾经千疮百孔。人生像开挂的人，大多经历过比死还绝望的日子，只有经历苦难、忍受挫折，才能磨砺出期待的模样。如果有一天你要创业，那你一定先做好承受这些的准备，想清楚再去做，明哥不是害怕你输，而是害怕你输不起。

明哥的最后一条建议，先来看一则小故事：

小马要过河，老水牛过来对它说："水很浅，才到我膝盖。"一旁的松鼠跳出来说："别信它，水很深，我朋友就是被淹死的。"小马不知道该听谁的，他妈妈走过来说："别理那两个家伙，咱们走桥……"

少听成功人士的分享，听多了很容易成为精神鸦片，不是讲得不对，而是他们不太可能说出来所有创业考量的维度，一旦你通过不完整的信息做出了判断，不能正确认识自己，过高估计了自己的能力，过低估计了困难及竞争对手，则容易好高骛远。记住，别人的意见只可以参考，不可以全信，包括明哥说的这些也是一样。

有人说，成功只有一种，按照自己想要的方式度过一生。

十几岁时，青春年少，我们是无所畏惧的孙悟空。

二十几岁，情窦大开，我们是敢爱敢恨的猪八戒。

三十几岁，沉险职场，我们是踏实果敢的沙和尚。

四十几岁，岁月如梭，我们是参悟得道的唐三藏。

祝愿你拥有完美的职业生涯，希望本书你会觉得有益或至少有趣。

这世上，从来就没有一点就通的醍醐灌顶，只有不断探索的柳暗花明。希望这本书能够给你指引，更希望你可以学而实习、知行合一。愿君前程似锦、鹏程万里！

反侵权盗版声明

电子工业出版社依法对本作品享有专有出版权。任何未经权利人书面许可，复制、销售或通过信息网络传播本作品的行为；歪曲、篡改、剽窃本作品的行为，均违反《中华人民共和国著作权法》，其行为人应承担相应的民事责任和行政责任，构成犯罪的，将被依法追究刑事责任。

为了维护市场秩序，保护权利人的合法权益，我社将依法查处和打击侵权盗版的单位和个人。欢迎社会各界人士积极举报侵权盗版行为，本社将奖励举报有功人员，并保证举报人的信息不被泄露。

举报电话：（010）88254396；（010）88258888

传　　真：（010）88254397

E-mail：dbqq@phei.com.cn

通信地址：北京市万寿路173信箱
　　　　　电子工业出版社总编办公室

邮　　编：100036